Flutter와 Dart 입문부터 앱 UI 제작까지

모두가 할 수 있는

플러터 2 최신판 반영

플러터 UI 입문

Dart 기초부터 7가지 유형의 UI 제작까지

모두가 할 수 있는

플로터 UI 입문 〔 플러터 2 최신판 반영 〕

Dart 기초부터 7가지 유형의 UI 제작까지

초판 1쇄 발행 | 2021년 07월 30일

지은이 | 최주호, 정호준, 정동진 공저
펴낸이 | 김병성
펴낸곳 | 앤써북

출판사 등록번호 | 제 382-2012-0007 호
주소 | 경기도 고양시 일산 서구 가좌동 565번지
전화 | 070-8877-4177
FAX | 031-919-9852
도서문의 | 앤써북 http://answerbook.co.kr

ISBN | 979-11-85553-81-8 13000

Preface
머리말

퓨시아(수령초) 운영체제에서 퓨시아는 꽃의 이름이며 꽃말은 '따뜻한 마음, 열렬한 마음, 좋아하는 마음'입니다. 그리고 플러터는 그 꽃을 더욱 빛나게 해줄 강력한 UI 프레임워크입니다.

2019년 사물인터넷에 한창 빠져있을 때 Google에서 개발하는 오픈 소스 운영체제 퓨시아(Fuchsia)를 알게 되었습니다. 알게 된 이유는 퓨시아는 터치가 아닌 음성기반 인식이 뛰어난 운영체제이고 이즈음에 음성을 기반으로 사물을 제어하는 기술들이 엄청나게 쏟아져 나오는 시점이었기 때문입니다.

구글은 왜 퓨시아를 만들려고 했을까요? 퓨시아는 소형 시스템용으로 설계된 경량 OS입니다. 당연히 타켓은 개인용 컴퓨터, 스마트폰, 소형 디바이스들입니다. 미래에는 스마트홈이나 사물인터넷 기기들로 인해 소형 디바이스 시장이 더욱 커질 수 있겠지만 현재는 스마트폰 시장이 가장 큽니다. 기존에 안드로이드라는 강력한 운영체제가 있음에도 불구하고 퓨시아를 만든 이유는 무엇일까요?

퓨시아 운영체제에 UI 인터페이스와 애플리케이션은 flutter로 만들 수 있습니다. 그리고 flutter는 자바가 아닌 dart 라는 언어로 구동됩니다. 오라클이 자바를 인수함으로써 구글과 라인센스 문제에 빠져있는 상황으로 볼 때 구글에게 flutter는 매우 희망적이고 필요한 존재로 보입니다.
개발자들이 flutter에 매력에 푹 빠지게 된다면, 퓨시아에 익숙해지는 개발자가 더욱 늘어날 것이고, 이는 퓨시아의 시장형성에 큰 도움을 줄 것으로 예상됩니다. 역으로 퓨시아 시장이 커지면 커질수록 푸시아 운영체제에서 바로 구동할 수 있는 flutter의 인기는 더해질 것입니다. 미래를 확신할 수 없지만 iOS, Android, Web, Mac, Windows, Linux, Embeded 시스템의 수많은 소형 디바이스에서 단일 코드로 작동 가능한 flutter를 사용하지 않을 이유가 무엇이 있을까요?

이 책의 컨셉은 그림 그리기입니다. 가장 많은 시간을 기울인 것은 예제 만들기였습니다. 좋은 예제를 만들어야 좋은 책이 될 수 있을 것 같았습니다. 위젯을 단편적으로 설명하는 것이 아닌 좋은 예제를 만들어가면서 자연스럽게 알려주고 싶었습니다. 독자들이 예쁜 앱을 디자인해보면서 앱에 친숙해질 수 있는 기회가 되었으면 좋겠고 개인적으로는 가장 인기 있는 플러터 책이 되었으면 좋겠습니다.

최주호 씀

독자들이 최대한 쉽게 접근할 수 있는 책을 쓰고 싶었고 그 고민의 결과로 책이 출판되었습니다. 플러터에 관심이 있는 독자들에게 조금이나마 도움이 되었으면 하는 바람입니다.

책이 나오기까지 같이 집필을 해보자고 먼저 제안을 주었으며, 나태해지려고 할 때마다 다시 마음을 잡아주고 앞에서 끌어준 최주호 작가님께 감사드립니다. 또한 더 좋은 책을 위해 같이 고민하고 방향을 잡아준 김근호 작가님에게도 감사드립니다. 마지막으로 집필하는 동안 물심양면으로 도와주신 부모님께 감사의 마음을 전합니다.

정호준 씀

본 저자가 처음 공부했든 2000년대 초에 비해서 지금의 프로그래밍 시장은 너무나 다이나믹한 시장으로 급변을 하였습니다. 그 시대에는 프로그래밍 공부 방법이 거의 공식처럼 정해진 시대였지만 지금의 시대는 어떤 언어, 그리고 어떤 도구를 선택할지도 큰 고민거리가 될 정도로 시장에는 많은 기술이 존재합니다.

플러터는 구글이 개발하였고 모바일의 양대 산맥인 Android와 iOS를 모두 지원하는 매력적인 프레임워크입니다. 어떤 기술보다 경쟁력 있는 기술이라고 자신 있게 말할 수 있을 것 같습니다. 실무와 강의를 병행하면서 최대한 입문자의 입장과 강사들의 입장을 고려하여 책을 집필하였습니다.

정동진 씀

Receive Book Source Resources

책 소스/자료 받기

이 책을 보는 필요한 모든 소스 코드와 업데이트 내용 등 최신 정보는 필자가 운영하는 다음 깃허브 경로에 공개되어 있습니다. 다음 경로로 이동하여 Code – Download ZIP 버튼을 클릭하면 책소스를 다운로드할 수 있습니다.

- https://github.com/flutter-coder/flutter-ui-book1

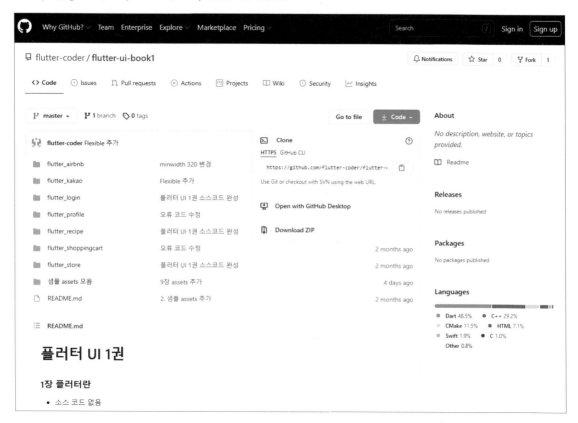

다운 받으면 좋은 점

❶ 소스 코드를 다운 받아두면 교재를 진행하다가 막히는 부분의 소스 코드를 참고할 수 있습니다.

❷ 샘플 assets 모음 폴더에 교재 진행에 필요한 이미지가 모여 있습니다.

플러터 깃허브 프로젝트 다운로드 받고 실행하는 방법은 다음 블로그 포스트를 참고합니다.

- https://blog.naver.com/getinthere/222339023005

Video lesson instructions

동영상 강의 이용 안내

이 책의 실습 내용을 촬영한 저자 동영상 강의가 최소 금액으로 유료 서비스 됩니다. 단, 동영상 강의 유료 금액은 운영 정책에 따라 변동될 수 있습니다. 동영상 강의는 다음 절차로 진행합니다.

1 동영상 강의 시청을 위해 이지업 사이트에 접속합니다. 강의 시청을 위해 이지업 사이트 상단의 [로그인] 메뉴를 클릭 후 [회원가입]을 눌러 회원가입합니다.

- https://www.easyupclass.com/

2 상단 메뉴에서 [강의]–[모바일/게임 대학] 메뉴를 선택합니다.

3 "모두가 할 수 있는 플러터 앱 만들기 입문" 강의를 클릭 후 [구매하기]–[구매 신청] 버튼을 클릭하여 결제를 진행합니다.

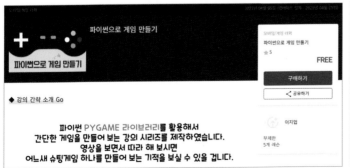

4 결제 완료 후 [내 강의실 입장]을 클릭합니다. 강의 실행 아이콘을 누릅니다.

5 강의 목록이 보이고 원하는 강의를 눌러 시청할 수 있습니다.

• GetX 상태 관리 무료 동영상 강의 안내는 274쪽 부록을 참조합니다.

Reader Support Center

독자 문의

책을 보면서 궁금한 점은 저자가 운영하는 JSPStudy.co.kr)의 "Q&A" 게시판에서 문의하고 답변 받을 수 있습니다.

Contents

목차

Contents

목차

Chapter 03

Dart 문법 익히기

Contents
목차

Contents

목차

Chapter 07

로그인 앱 만들기

쇼핑카트 앱 만들기

Contents

목차

APPENDIX   # 유튜브 무료 강의_Getx란?

Flutter project

CHAPTER 01

플러터 이해하기

이번 장에서는 플러터에 대한 전반적인 개념을 살펴보겠습니다.

01 _ 1 플러터란?

Flutter는 고성능, 고품질의 iOS, Android 앱과 웹을 단일 코드 베이스로 개발할 수 있는 구글의 모바일 UI 프레임워크입니다. 스크롤 동작, 글씨, 아이콘과 같이 플랫폼 별로 달라지는 부분들을 아울러서 서로 다른 플랫폼에서도 자연스럽게 동작하는 고성능의 앱을 개발할 수 있게 하는 것이 Flutter의 목표입니다.

◆ 플러터로 Android iOS 개발 가능(출처 _ https://flutter-ko.dev/)

단일 코드 베이스로 개발을 할 수 있다는 것은 무슨 뜻일까요?
한 번 코딩으로 iOS, Android 앱을 만들 수 있다는 뜻입니다. 하나의 앱을 만들기 위해서는 iOS와 Android를 위한 2개의 코드(Java, Swift)가 필요합니다. 하지만 하나의 코드베이스로 크로스 플랫폼 개발을 가능하게 해줍니다.

UI란?

UI란 User Interface입니다. 사용자와 애플리케이션이 커뮤니케이션을 할 수 있도록 도움을 주는 매개체 역할을 합니다. 그 매개체 역할을 하는 종류는 다양하게 있습니다. 휴대폰 화면의 터치 이벤트, 리모콘의 버튼 이벤트 등이 있습니다.

프레임워크란?

Frame(틀)과 Work(일)의 합성어입니다. 어떤 틀 안에서 일을 할 수 있게 도움을 주는 환경입니다. 예를 들어 A라는 일을 하려고 하는데 그 일을 수행하기 위한 방법이 너무나 다양하고 준비물 또한 다양해서 선택하기 어려운 경우가 있습니다. 그럴 때 A라는 일을 하기 위한 프레임워크가 있다면 일을 하기 편해집니다.

01 _ 2 플러터의 특징

구글이 지원하는 무료 오픈소스입니다. 네이티브앱으로 컴파일이 가능하여 네이티브 수준의 성능을 자랑합니다. 또한 크로스플랫폼용 앱을 구현할 수 있게 해줍니다. 플러터의 모든 것은 위젯이기 때문에 위젯에 대해서만 개념을 숙지하면 쉽게 개발 가능합니다.

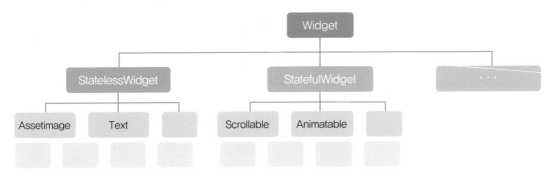

◆ 모든 것은 위젯

Flutter는 Dart를 프로그래밍 언어로 사용합니다. Kotlin, Swift, Java 또는 Typescript를 알고 있다면 배우기 쉽습니다. 또한 Dart를 네이티브 코드로 컴파일하여 앱에 빌드할 수 있습니다. 또한 앱 개발시에는 핫 리로드 라는 특수 기능이 있는 가상 머신 (VM)을 사용합니다. 이를 통해 코드를 업데이트하고 다시 배포하지 않고도 코드를 저장만 하면 변경 사항을 실시간으로 확인할 수 있습니다.

01 _ 3 Dart 언어의 특징

- C#, Javascript, Java 어떤 언어든 숙지가 되어 있다면 Dart는 배우기 쉽습니다.
- Type을 지원하는 언어입니다.
- Type 추론을 지원합니다.
- 단일 스레드로 비동기 방식을 지원합니다.
- UI에 최적화된 언어입니다.
- 동시성을 지원하지만 완벽하게 격리됨(Isolate)을 보장해줍니다.
- 스프레드 연산자를 지원합니다.
- 배열은 없고 컬렉션만 존재합니다.

01 _ 4 지금 당장 앱을 만들어야 한다면?

당신이 스타트업 대표라고 가정해보겠습니다. 3개월 안에 앱을 하나 만들어서 출시를 해야 하는 상황입니다. 현재 회사에는 안드로이드 개발자가 한 명 있고, 서버를 담당하는 백엔드 개발자가 한 명 있고, 디자이너가 한 명 있습니다. 전 세계의 80% 이상이 보통 안드로이드를 사용하기 때문에 80%로의 시장만이 필요하다면 더 이상 개발자를 고용하지 않아도 될 것입니다. 하지만 iOS 시장의 고객이 필요하다면 iOS 앱 개발을 해야만 합니다.

이때 여러분은 세 가지 선택지가 있습니다.
❶ iOS 시장을 포기한다.
❷ iOS 개발자를 프리랜서로 고용한다. (구하기 힘들 수 있습니다. 특히 지방에서는 더 어렵습니다)
❸ iOS와 Android를 한 번에 개발할 수 있는 크로스 플랫폼 개발자를 고용한다. 대표적으로 리엑트 네이티브 (React Native)와 자마린(Xamarin) 그리고 플러터(Flutter)가 있습니다.

01 _ 5 Skia 엔진

Skia는 Android, iOS, Chrome, Windows, Mac, Ubuntu 등 다양한 환경에서 공통 API를 가지고 화면을 그릴 수 있도록 도와주는 오픈소스 2D 그래픽 라이브러리입니다. 구글이 2005년 11월에 Skia를 인수하였고 Flutter는 Skia 엔진을 내장하고 있습니다. Flutter는 각각의 디바이스에서 렌더링하는 방법으로 Skia를 사용하기 때문에 각 각의 디바이스에 제한 없이 동일한 화면으로 렌더링이 가능합니다. 각각의 디바이스들의 Native Component를 사용하지 않기 때문에, 동일한 스타일의 화면을 만들어 낼 수 있습니다.
즉 Flutter는 각각의 디바이스 (iOS 나 Android)에서 렌더링하는 방법을 Skia 에게 맞겨 버리기 때문에 각각의 디바이스에 제한 없이 동일한 화면으로 렌더링이 가능합니다.

다음 그림을 보시죠. 안드로이드에는 버튼 위젯이 있습니다. 이 버튼 위젯을 사용하기 위해서는 자바 코드를 사용합니다. 하지만 수많은 크로스 플랫폼들의 목적은 Java 코드로 안드로이드를 만들고 Swift로 iOS를 만들려는 것이 아닌 단일 코드베이스로 두 개의 앱을 동시에 개발하는 것에 목적이 있습니다.

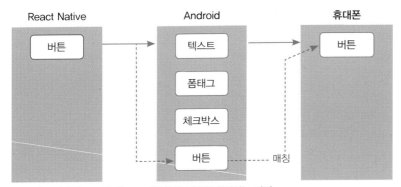

◆ 리엑트 네이티브 브릿지(Bridge)를 통해 버튼을 찾아가는 과정

위 그림을 보세요. React Native는 자바스크립트 언어로 두 개의 앱을 동시에 만들 수 있습니다. 자바스크립트로 버튼을 만들어서 Android와 iOS에 버튼을 렌더링(그림을 그리다)하게 되면 자바스크립트 코드에 상응하는 Java코드와 Swift코드가 매칭되어 그림이 그려집니다. 이 매칭을 도와주는 것이 Javascript bridge 라고 합니다. 해당 브릿지(bridge)가 Native 위젯을 연결시켜줍니다.

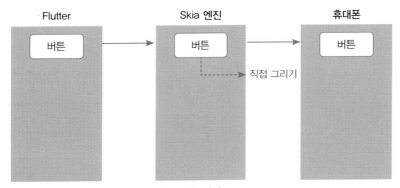

◆ 플러터 Skia 엔진을 이용하여 버튼을 그리는 과정

하지만 Flutter는 Skia 엔진을 통해서 앱에 직접 그림을 그립니다. 이것은 분명히 장점입니다. 하지만 iOS와 Android에서 버튼의 디자인이 변경되었을 때 Flutter에서 빠르게 디자인이 반영되지 않는다면 해당 버튼을 동일하게 그려낼 수 없습니다.

하지만 걱정하지 마세요. Google이 밀고 있고 지원하는 Flutter이기 때문에 빠르게 업데이트 되고 있습니다. 그리고 Flutter는 사물인터넷 디바이스의 UI를 위해 탄생한 목적도 있기 때문에 앞으로의 미래가 밝습니다.

01 _ 6 AOT와 JIT 지원

1.6.1 AOT

AOT(Ahead of time)를 지원합니다. 즉 Dart 언어로 개발한 코드를 휴대폰에 빌드하기 전에 해당 핸드폰의 기계어 코드(네이티브 코드)로 사전 컴파일하여 코드를 빌드할 수 있습니다. 즉 네이티브 성능을 낼 수 있습니다.

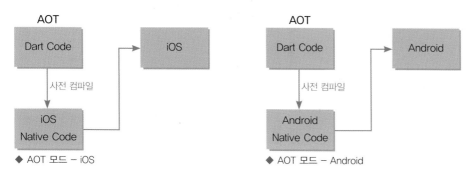

◆ AOT 모드 – iOS   ◆ AOT 모드 – Android

1.6.2 JIT

JIT(Just in time)을 지원합니다. JIT란 런타임에서 실행할 수 있는 중간언어로 변환한 후 Dart의 가상머신(VM)을 통해서 중간언어를 실시간으로 번역합니다. 이때 해당 기계에 맞게 번역을 실행하고 즉시 실행해줍니다. AOT에 비해 런타임시 실행이 느립니다. 이 방식은 개발 모드에서만 사용합니다. 프로덕션 모드에서는 AOT를 사용합니다.

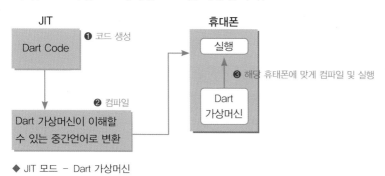

◆ JIT 모드 – Dart 가상머신

01 _ 7 Swift UI와 Android JetPack Compose

Swift UI 또는 Jetpack Compose를 사용해 봤다면 Flutter의 매력에 푹 빠질 것입니다. Flutter의 그림 그리는 방식과 매우 유사합니다.

◆ Android Jetpack   ◆ Swift UI

01 _ 8 플러터 아키텍처

Flutter 아키텍처는 세 가지 주요 계층으로 구성됩니다.

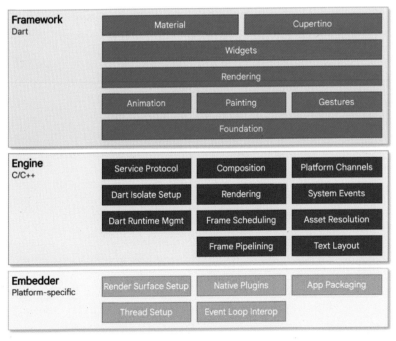

◆ 플러터 아키텍처

프레임워크 계층은 다트로 작성합니다. 여기에는 UI 테마, 위젯, 레이아웃 및 애니메이션, 제스처, 기본 구성 요소가 포함됩니다. 그리고 플러그인이 포함되는데 JSON 직렬화, 위치 정보, 카메라 액세스, 인앱 결제 등과 같은 고급 기능이 있습니다.

엔진 계층은 핵심 C++ 라이브러리가 포함되어 있습니다. 엔진은 I/O, 그래픽, 텍스트 레이아웃, 접근성, 플러그인 아키텍처, 접근성 및 Dart 런타임과 같은 Flutter API의 저수준 기본 요소를 구현합니다. 엔진은 또한 화면에서 빠른 렌더링을 위해 Flutter 장면을 래스터화 하는 역할을 합니다.

임베더 계층은 네이티브 앱으로 통하는 진입점을 제공합니다. 네이티브 서비스에 대한 액세스를 위해 기본 운영 체제와 커뮤니케이션 합니다. 쉽게 말하면 iOS Shell과 Android Shell을 Embedder API를 통해 통신하는 계층입니다.

01 _ 9 플러터 2.0

플러터가 2.0으로 업데이트 되었습니다. Mac OS, Windows, Linux, Web을 지원합니다. 그리고 Embeded 디바이스에서 지원을 한다고 합니다. 사실상 거의 모든 디바이스에서 지원을 한다는 의미이고, 하나의 코드로 모든 디바이스에 작동한다는 뜻이기도 합니다.

플러터로 할 수 있는 것
- HTML, CSS, Javascript를 몰라도 웹 디자인이 가능합니다.
- Java를 몰라도 Android 디자인이 가능합니다.
- Swift를 몰라도 iOS 디자인이 가능합니다.
- Dart 언어와 Flutter 프레임워크만 알면 데스크탑 앱을 만들 수 있습니다.

주요 업데이트 사항
- 데스크탑 앱 지원 (Mac, Window, Linux)
- 웹 지원
- Dart Null Safety 지원 (Dart 2.12 버전 이상)

> ❝ 본 교재는 Flutter 2.0.5 버전을 사용하며 Dart는 2.12.3 버전을 사용하여 만들어졌습니다. 해당 버전보다 낮으면 버전을 업그레이드해야 하고, 상위 버전이라면 그대로 사용하면 됩니다.

Flutter project

CHAPTER 02

플러터 시작하기

이번 장에서는 Windows에서 Flutter 개발 환경을 어떻게 구축하는지 알아보고 실행해 보도록 하겠습니다.

02 _ 1 Flutter SDK 설치하기

플러터 설치는 버전에 따라 조금씩 달라질 수 있습니다. 추후 변경되는 내용과 각종 이슈는 해당 URL에 지속적으로 업데이트할 예정이니 참고해주세요.

• https://blog.naver.com/getinthere/222324876638

설치 영상은 유튜브에 무료로 제공됩니다. 아래 QR코드를 참고해주세요.

 https://youtu.be/T_ j-aZZsAxY

Flutter SDK 다운로드

1 Flutter 공식 사이트 다운로드 페이지로 이동합니다.

https://flutter.dev/docs/get-started/install

2 자신의 환경에 맞는 운영체제를 선택합니다. 이 책에서는 Windows를 기준으로 설치합니다.

3 Flutter SDK를 다운로드 합니다. 단, Flutter SDK 버전은 다운로드 시점에 따라 다를 수 있습니다.

> SDK란 Software Development Kit의 약자로 소프트웨어를 개발하기 위한 키트입니다.

> 현재는 2.0.5 버전이지만 교재 구입 후 다운 받는 시점에서는 버전이 달라질 수 있습니다. 2021.04월 기준으로 한 달 동안 버전이 세 번 변경되었습니다. 그만큼 flutter에 대한 지원이 좋아지고 있다는 뜻입니다.

Flutter SDK 압축 해제 및 폴더 설정

1 다운 받은 Flutter SDK 파일의 압축을 풀어줍니다.

2 압축을 풀고 내부에 있는 flutter 폴더만 잘라내기 합니다.

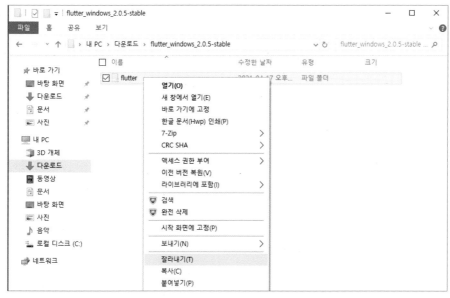

◆ flutter 폴더 잘라내기

3 C:₩src 폴더를 생성한 뒤 압축 해제한 폴더를 이동시켜 줍니다.

◆ src 폴더로 flutter 폴더 옮기기

4 flutter 폴더 내부가 다음과 같이 구성되어 있으면 됩니다.

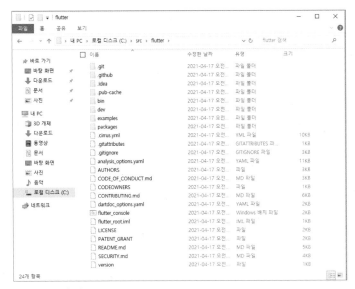

◆ flutter 폴더 내부

Flutter 환경변수 설정

1 윈도우 바탕화면에서 [내PC]를 마우스 우클릭 후 [속성] 메뉴를 선택합니다.

◆ 내 컴퓨터 마우스 우클릭 – 속성

2 좌측 탭에서 [고급 시스템 설정]을 선택합니다.

◆ 고급 시스템 설정으로 이동

3 시스템 속성 창에서 [환경변수] 버튼을 클릭합니다.

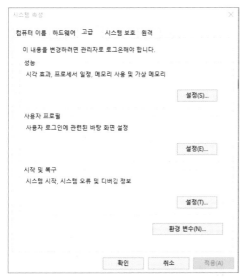

◆ 환경 변수 클릭

4 시스템 변수 탭에서 Path 선택 후 [편집] 버튼을 클릭합니다.

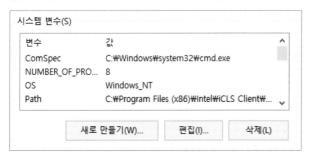

◆ Path 편집하기

5 Flutter SDK 경로 추가 후 [확인] 버튼을 클릭하여 모든 창을 종료시킵니다.

◆ src/flutter/bin 폴더 경로 복사

c:₩src₩flutter₩bin

◆ 환경변수 편집하기 - 새로 만들기

66 c:₩src₩flutter₩bin 폴더를 환경변수에 추가한 이유는 bin 폴더 내부에 dart.exe 파일과 flutter.exe 실행 파일이 있는데 이 실행 파일을 어느 폴더에서나 바로 접근하기 위해서입니다. 해당 파일로 버전을 체크 하거나 업그레이드하거나 소스코드를 컴파일할 수 있습니다.

02 _ 2 안드로이드 스튜디오 설치하기

안드로이드 스튜디오 다운로드

1 구글에서 안드로이드 스튜디오 다운로드를 검색한 뒤 'Android 스튜디오 다운받기' 링크를 클릭합니다.

◆ 안드로이드 스튜디오 다운로드 - 구글 검색

2 [DOWNLOAD ANDROID STUDIO] 버튼을 클릭하여 다운로드 합니다.

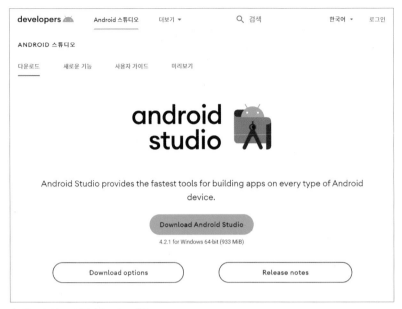

◆ 안드로이드 스튜디오 4.2.1 버전

안드로이드 스튜디오 설치하기

1 다운 받은 파일을 더블 클릭하여 설치를 시작합니다.

◆ 안드로이드 스튜디오 설치 과정

2 이후 [Next] 버튼을 계속 클릭합니다.

3 Do not import settings를 선택하여 [OK] 버튼을 클릭합니다.

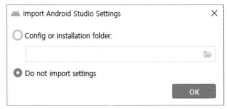

◆ 안드로이드 스튜디오 설치 과정

4 [Don't send] 버튼을 클릭합니다.

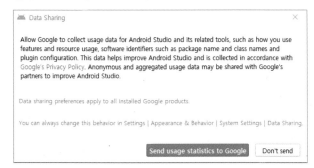

◆ 안드로이드 스튜디오 설치 과정

5 [Next] 버튼을 클릭합니다.

◆ 안드로이드 스튜디오 설치 과정

6 Standard 모드를 선택한 상태에서 [Next] 버튼을 클릭합니다.

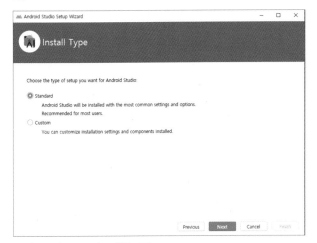

◆ 안드로이드 스튜디오 설치 과정

❝ Darcula 모드를 선택하고 [Next] 버튼을 클릭하면 어두운
테마가 적용됩니다.

◆ 안드로이드 스튜디오 설치 과정

7 [Finish] 버튼을 클릭합니다. 시간이 5분에서 15분 정도 걸리니 기다려주세요.

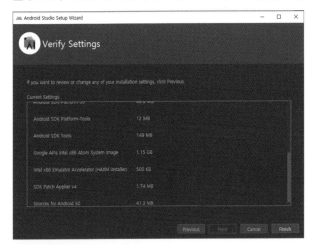

◆ 안드로이드 스튜디오 설치 과정

8 설치가 완료되었습니다. [Finish] 버튼을 클릭합니다.

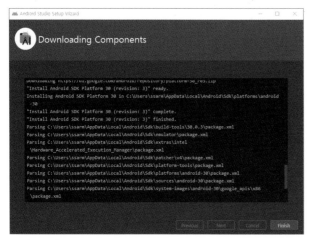

◆ 안드로이드 스튜디오 설치 과정

9 해당 화면이 나오면 그대로 두고 다음 절로 넘어가세요.

◆ 안드로이드 스튜디오 설치 완료

Flutter, Dart 플러그인 설치

1 오른쪽 하단 Configure를 클릭하고 Plugins을 선택합니다.

◆ 안드로이드 스튜디오 Plugin 설치

2 flutter를 검색하고 [install] 버튼을 클릭합니다. 이때 자동으로 Dart를 함께 설치하겠냐는 문구가 나오는데
함께 설치해주시면 됩니다.

◆ flutter 검색 및 install

3 [Restart IDE] 버튼을 클릭하고 안드로이드 스튜디오를 재시작합니다.

◆ 설치 완료 후 재시작하기

Flutter 프로젝트 생성하기

1 Create New Flutter Project를 선택합니다.

◆ 새로운 flutter 프로젝트 시작하기

2 Flutter App을 선택한 뒤 Next 버튼을 클릭합니다.

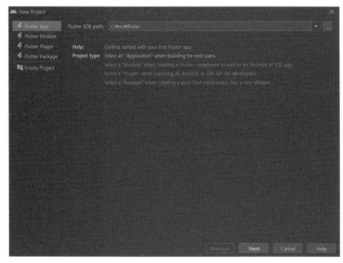

◆ Flutter app 선택 및 SDK path 경로 설정 화면

3 프로젝트 설정을 다음과 같이 합니다.

첫째, c:\src\flutterwork 폴더를 생성해 둡니다.

◆ workspace 폴더 만들기 – src\flutterwork

둘째, 아래와 같이 설정한 뒤 Finish 버튼을 클릭합니다.

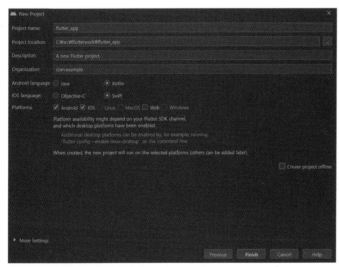

◆ 프로젝트 생성을 위한 기본 설정

```
Project name
flutter_app
Project location
c:\src\flutterwork\flutter_app
Description
A new Flutter project.
Organization
com.example
```

4 경고창이 뜨면 Create 버튼을 클릭하여 프로젝트 생성을 합니다.

◆ flutter_app 폴더가 없다는 경고 표시

5 프로젝트 생성이 완료되었습니다.

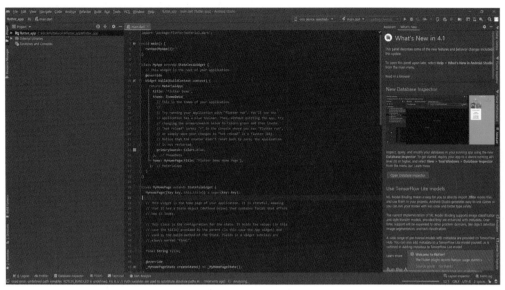

◆ flutter 프로젝트 생성 완료 화면

❝ 오른쪽 하단에 회색 진행바가 완료될 때까지 기다려주세요. 프로젝트 설정이 완료되면 진행바가 멈추게 됩니다.

Flutter Doctor

Flutter Doctor 는 플러터 설치 및 설정이 정상적으로 되었는지 환경을 검사해주는 도구입니다.

1 안드로이드 스튜디오 아래에 Terminal 탭을 클릭합니다.

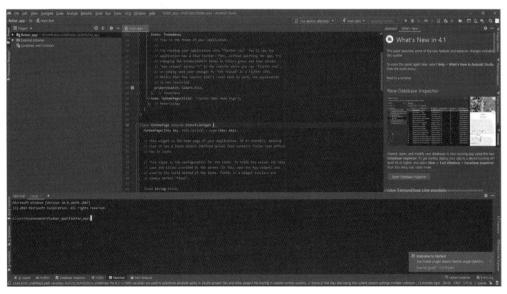

◆ 터미널(Terminal) 열기

❝ 윈도우에 CMD창을 열어도 됩니다.

2 Flutter를 검사해봅시다.

```
flutter doctor
```

정상적인 경우라면 아래와 같은 경고가 나옵니다. Android toolchain 연결이 되지 않았다는 오류입니다.

◆ Android toolchain 라이센스 등록 경고

하지만 아래와 같이 JDK가 없다는 경고가 나올 수 있습니다. 아래와 같은 경고가 나오지 않는 독자는 아래 해결 방법 부분을 Skip 해주세요.

◆ JDK(자바)를 찾을 수 없다는 경고

Flutter로 안드로이드 앱을 만들기 위해서는 JDK(자바)가 필수로 설치가 되어있어야 합니다. 하지만 우리가 설치하지 않은 이유는 안드로이드 스튜디오 툴을 설치하게 되면 JDK가 자동으로 설치가 되고 JDK의 경로가 자동으로 연결이 되기 때문입니다. 문제는 자동으로 설치는 되었는데 연결이 되지 않아서 발생한 것입니다.

해결 방법은 안드로이드 스튜디오를 설치하면서 자동으로 설치된 JDK를 환경변수로 등록해주면 됩니다.

로컬 디스크 (C:) > Program Files > Android > Android Studio > jre > bin			
이름 ^	수정한 날짜	유형	크기
🔷 java.exe	2021-05-11 오전 5:11	응용 프로그램	30KB
📄 javaaccessbridge.dll	2021-05-11 오전 5:11	응용 프로그램 확장	151KB
▣ javac.exe	2021-05-11 오전 5:11	응용 프로그램	20KB
▣ javadoc.exe	2021-05-11 오전 5:11	응용 프로그램	20KB
📄 javajpeg.dll	2021-05-11 오전 5:11	응용 프로그램 확장	164KB
🔷 javaw.exe	2021-05-11 오전 5:11	응용 프로그램	30KB
📄 jawt.dll	2021-05-11 오전 5:11	응용 프로그램 확장	18KB

◆ JDK(자바)를 찾을 수 없다는 경고

아래 경로를 복사합니다.

```
C:\Program Files\Android\Android Studio\jre\bin
```

환경변수로 등록합니다.

◆ Android toolchain 라이센스 등록 경고

안드로이드 스튜디오 툴을 재시작하고 다시 검사하면 첫 번째 문제가 해결됩니다.

```
Terminal:   Local ×   +
Microsoft Windows [Version 10.0.16299.1087]
(c) 2017 Microsoft Corporation. All rights reserved.

C:\src\flutterwork\flutter_app\flutter_app>flutter doctor
Doctor summary (to see all details, run flutter doctor -v):
[√] Flutter (Channel stable, 2.0.5, on Microsoft Windows [Version 10.0.16299.1087], locale ko-KR)
[!] Android toolchain - develop for Android devices (Android SDK version 30.0.3)
    X Android licenses not accepted.  To resolve this, run: flutter doctor --android-licenses
[√] Chrome - develop for the web
[√] Android Studio (version 4.1.0)
[√] Connected device (1 available)

! Doctor found issues in 1 category.

C:\src\flutterwork\flutter_app\flutter_app>
```

flutter doctor

◆ Android toolchain 라이센스 등록 누락 경고

3 Android toolchain 설정을 해줍니다.

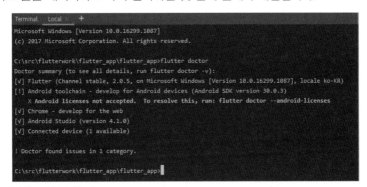

flutter doctor --android-licenses

◆ 라이센스 설정 화면

라이센스 등록을 위해 모든 물음에 y를 입력한 뒤 Enter 를 입력해주세요.

하지만 다음과 같이 NoClassDefFoundError가 발생할 수 있습니다. 오류가 발생하지 않는다면 아래 해결 방법 부분은 skip 해주세요.

```
C:\src\flutterwork\flutter_app>flutter doctor --android-licenses
Exception in thread "main" java.lang.NoClassDefFoundError: javax/xml/bind/annotation/XmlSchema
        at com.android.repository.api.SchemaModule$SchemaModuleVersion.<init>(SchemaModule.java:156)
        at com.android.repository.api.SchemaModule.<init>(SchemaModule.java:75)
        at com.android.sdklib.repository.AndroidSdkHandler.<clinit>(AndroidSdkHandler.java:81)
        at com.android.sdklib.tool.sdkmanager.SdkManagerCli.main(SdkManagerCli.java:73)
        at com.android.sdklib.tool.sdkmanager.SdkManagerCli.main(SdkManagerCli.java:48)
Caused by: java.lang.ClassNotFoundException: javax.xml.bind.annotation.XmlSchema
```

◆ JDK 1.8 버전이 아니어서 Command-line Tools를 찾지 못함

안드로이드 스튜디오를 설치하게 되면 JDK11이 자동으로 설치가 됩니다. 혹은 이미 자바를 설치한 경험이 있는 독자라면 JDK15가 설치되어 있을 수 있습니다. 위와 같은 오류가 발생한 이유는 JDK1.8을 설치하지 않아서 Command-line Tools가 없기 때문입니다. 해결 방법은 아래 그림을 참고해주세요.

오른쪽 상단 메뉴에 SDK Manager 클릭합니다.

◆ SDK Manager 클릭

SDK Tools - Android SDK Command-line Tools (latest) 체크 후 설치합니다.

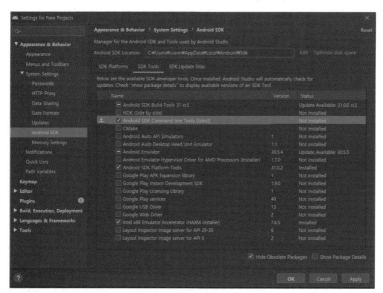

◆ Android SDK Command-line Tools 설치

> ❝ 기존에 자바(JDK)가 설치 되어 있어 위의 방법으로도 설치 문제가 해결되지 않는다면 JDK 1.8로 다운그레이드 한 뒤 실행하면 됩니다.

4 다시 한 번 Flutter를 검사해봅니다.

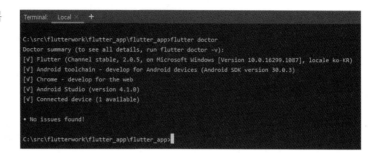

flutter doctor

> 📢 Android Studio 설치했는데도 불구하고 Android Studio 부분에 물음표 ! 경고가 표시되는 경우가 있습니다. 이 부분은 버그이니 넘어가셔도 됩니다.

버전 확인 해보기

다음과 같은 형식으로 flutter와 Dart 버전을 확인할 수 있습니다. flutter 버전은 2.0.5이고, Dart 버전은 2.12.3입니다. flutter 버전은 설치 시점에 따라 다를 수 있습니다.

flutter --version

◆ flutter 버전 확인

02 _ 3 안드로이드 스튜디오 환경 설정

자동정렬 설정

코드 작업 중 저장을 하면 코드가 자동정렬 됩니다.

1 File − > Settings 메뉴를 선택합니다.

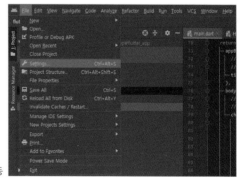

◆ Setting 화면으로 이동

2 Languages & Frameworks -〉 Flutter -〉 Format code on save를 선택합니다.

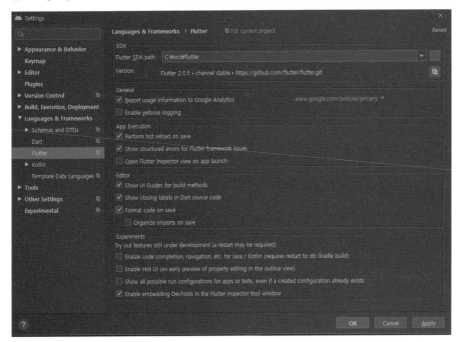

◆ Format code on save 설정

글자 크기 및 폰트 설정

1 Editor -〉 Font -〉 Size 16으로 변경합니다.

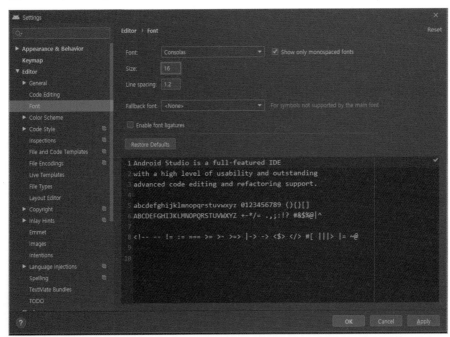

◆ 글자 폰트 설정

02 _ 4 Flutter 에뮬레이터로 first_app 프로젝트 실행하기

1 오른쪽 상단에 AVD Manager 아이콘 클릭

◆ AVD Manager 아이콘 클릭

2 에뮬레이터 설치

Create Virtual Device 버튼을 클릭합니다

◆ Create Virtual Device 버튼 클릭

> ❝ 안드로이드 스튜디오 설치 버전에 따라 에뮬레이터가
> 이미 설치되어 있을 수 있습니다. 이미 설치되어 있는 경
> 우에는 (2) 에뮬레이터 설치 부분은 생략해도 됩니다.

Pixel 3a 선택 후 Next 버튼을 클릭합니다.

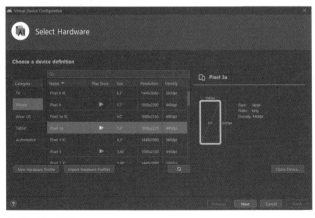

◆ Pixel 3a 선택

R 버전을 다운로드 한 뒤 Next 버튼을 클릭합니다. 10분 정도가 소요됩니다.

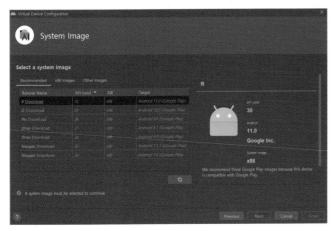

◆ R 버전 Download

Finish 버튼을 클릭하여 에뮬레이터 생성을 마무리합니다.

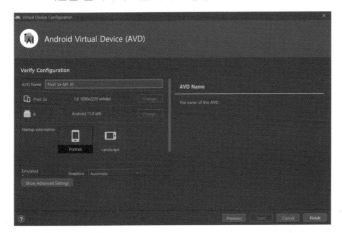

◆ 에뮬레이터 생성 완료

3 에뮬레이터 실행 – 세모 버튼을 클릭하여 에뮬레이터를 실행해줍니다.

◆ 에뮬레이터 실행

에뮬레이터가 실행될 때 unable to located avd 라는 경고가 뜰 수 있는데 확인 버튼을 클릭한 뒤 아래와 같은 화면이 나올 때까지 기다려주세요. 컴퓨터 성능에 따라서 2분에서 5분이 걸릴 수 있습니다.

◆ 에뮬레이터 실행

4 first_app 프로젝트 실행하기

◆ 프로젝트 실행하기

초록색 세모 버튼(▶)을 클릭하여 실행합니다. 컴퓨터 성능에 따라서 2분에서 5분 정도 걸릴 수 있으니 기다려줍니다.

◆ 처음 실행한 flutter 프로젝트

02 _ 5 Hot Reload 체험해보기

1 25번 라인의 Flutter Demo Home Page 글자를 Hello World로 변경합니다.

```dart
class MyApp extends StatelessWidget {
  // This widget is the root of your application.
  @override
  Widget build(BuildContext context) {
    return MaterialApp(
      title: 'Flutter Demo',
      theme: ThemeData(
        // This is the theme of your application.
        //
        // Try running your application with "flutter run". You'll see the
        // application has a blue toolbar. Then, without quitting the app, try
        // changing the primarySwatch below to Colors.green and then invoke
        // "hot reload" (press "r" in the console where you ran "flutter run",
        // or simply save your changes to "hot reload" in a Flutter IDE).
        // Notice that the counter didn't reset back to zero; the application
        // is not restarted.
        primarySwatch: Colors.blue,
      ), // ThemeData
      home: MyHomePage(title: 'Flutter Demo Home Page'),
    ); // MaterialApp
  }
}
```

◆ 기존 소스코드

```dart
class MyApp extends StatelessWidget {
  // This widget is the root of your application.
  @override
  Widget build(BuildContext context) {
    return MaterialApp(
      title: 'Flutter Demo',
      theme: ThemeData(
        // This is the theme of your application.
        //
        // Try running your application with "flutter run". You'll see the
        // application has a blue toolbar. Then, without quitting the app, try
        // changing the primarySwatch below to Colors.green and then invoke
        // "hot reload" (press "r" in the console where you ran "flutter run",
        // or simply save your changes to "hot reload" in a Flutter IDE).
        // Notice that the counter didn't reset back to zero; the application
        // is not restarted.
        primarySwatch: Colors.blue,
      ), // ThemeData
      home: MyHomePage(title: 'Hello World'),
    ); // MaterialApp
  }
}
```

◆ 변경된 소스코드

2 단축키 Ctrl + S 를 눌러 저장합니다.

◆ Hot Reload

에뮬레이터의 AppBar(앱바) 부분에 글자가 Hello World로 즉시 변경되는 것을 볼 수 있습니다.

3장에서는 Dart 언어에 대해서 배워볼 예정입니다. Flutter는 4장부터 본격적으로 배워보도록 하겠습니다.

F lutter project

Dart 문법 익히기

이번 장에서는 Dart 언어에 대해서 배워 보도록 하겠습니다. Dart에 대한 모든 문법을 배우지 않습니다. 우리 교재에서 필요한 문법만 학습하도록 하겠습니다.

03 _ 1 DartPad 사용해보기

DartPad에서는 별도의 설치 없이 Dart와 Flutter 코드를 작성하고 실행해볼 수 있습니다.

DartPad 사이트 접속하기

- https://dartpad.dev/

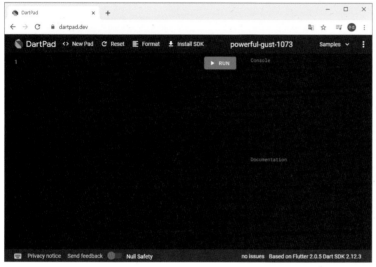

◆ DartPad 홈페이지

Dart로 HTML 코딩하기

1 New Pad를 선택합니다.

◆ New Pad 선택

2 Dart를 선택하고 HTML을 활성화한 뒤 [CREATE] 버튼을 클릭합니다.

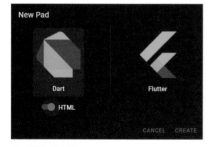

◆ HTML 활성화

4 [Run] 버튼을 클릭하여 실행해봅니다.

◆ HTML 코드 작성 화면

4 CSS 탭으로 이동하여 12번 라인에 color를 yellow로 변경한 뒤 실행해봅니다.

◆ CSS로 글자색 변경

Flutter로 앱 코딩하기

1 New Pad를 선택합니다.

◆ New Pad 선택

2 Flutter를 선택합니다.

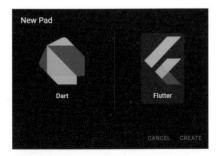

◆ Flutter 선택

3 [Run] 버튼을 클릭하여 실행해봅니다.

◆ Flutter 실행 화면

4 16번 라인에 코드를 추가하여 배경색을 변경한 뒤 실행해봅니다.

◆ 플러터 코드 변경으로 배경색 변경

순수 Dart 언어 작성하기

1 New Pad를 선택합니다.

◆ New Pad 선택

2 Dart를 선택하고 HTML을 활성화하지 않고 [CREATE] 버튼을 클릭합니다.

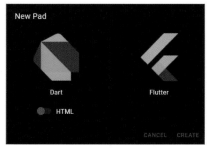

◆ 기본 Dart 선택 (우리가 작업할 Pad)

03 _ 2 Dart 변수

가장 하단에 Null Safety를 비활성화하고 교재를 진행해주세요. 3장 가장 마지막에 Null Safety를 학습할 때 활성화 하겠습니다.

❝ Dart를 실행하면 main() 함수가 실행됩니다.

변수

정수, 실수, 부울(true, false), 문자열 변수에 대해서 알아보겠습니다. = 은 대입 연산자입니다. 오른쪽에 있는 값을 변수에 대입할 때 사용합니다.

```
void main(){
  int n1 = 1;
  double d1 = 10.1;
  bool b1 = true;
  String s1 = "홍길동";

  // print() 함수는 Console에 출력을 해주는 함수입니다.
  // ${} 를 활용하면 문자열에 변수를 바인딩할 수 있습니다.
  print("정수 : ${n1}");
  print("실수 : ${d1}");
  print("부울 : ${b1}");
  print("문자열 : ${s1}");
}
```

❝ // 한 줄 주석
/// 문장 주석
/**
* 여러 줄 주석
**/

```
Console
정수 : 1
실수 : 10.1
부울 : true
문자열 : 홍길동
```

◆ 실행 결과 화면

타입 확인

runtimeType을 활용하여 변수의 타입을 확인해보겠습니다.

```
void main(){
  int n1 = 1;
  double d1 = 10.1;
  bool b1 = true;
  String s1 = "홍길동";

  print("정수 : ${n1.runtimeType}");
  print("실수 : ${d1.runtimeType}");
  print("부울 : ${b1.runtimeType}");
  print("문자열 : ${s1.runtimeType}");
}
```

```
Console

정수 : int
실수 : double
부울 : bool
문자열 : String
```
◆ 실행 결과 화면

타입 추론

Dart 언어는 타입 추론을 지원합니다. 값이 들어올 때 타입을 추론하여 변수를 초기화합니다. var과 dynamic의 차이는 var은 타입 변경이 불가능하고 dynamic은 타입 변경이 가능합니다.

❶ var

```
void main(){
  var n1 = 1;
  var d1 = 10.1;
  var b1 = true;
  var s1 = "홍길동";

  print("정수 : ${n1.runtimeType}");
  print("실수 : ${d1.runtimeType}");
  print("부울 : ${b1.runtimeType}");
  print("문자열 : ${s1.runtimeType}");
}
```

```
Console

정수 : int
실수 : double
부울 : bool
문자열 : String
```
◆ 실행 결과 화면

타입 변경은 불가능합니다.

```
void main(){
  var n1 = 1;

  // var로 한 번 초기화된 데이터 타입은 다른 타입으로 변경이 불가능하다.
  n1 = 10.5; //오류
}
```

❷ dynamic

```
void main(){
  dynamic n1 = 1;
  print("정수 : ${n1.runtimeType}");

  // dynamic 타입은 모든 타입을 받을 수 있고 다른 타입으로 변경도 가능하다.
  n1 = 10.5;
  print("n1 : ${n1.runtimeType}");
}
```

```
Console
  정수 : int
  n1 : double
```
◆ 실행 결과 화면

03 _ 3 연산자 알아보기

산술 연산자

수학에서 사용하는 사칙 연산과 나머지 연산을 포함하는 연산자입니다. Dart에서는 몫을 구하는 연산자가 포함되어 있습니다.

```
void main(){
  // 더하기
  print("3+2=${3+2}");
  // 빼기
  print("3-2=${3-2}");
  // 곱하기
  print("3*2=${3*2}");
  // 나누기
  print("3/2=${3/2}");
  // 나머지
  print("3%2=${3%2}");
  // 몫 구하기
  print("3~/2=${3~/2}");
}
```

```
Console
  3+2=5
  3-2=1
  3*2=6
  3/2=1.5
  3%2=1
  3~/2=1
```
◆ 실행 결과 화면

비교 연산자

두 개의 값을 비교하여 결과를 참/거짓으로 반환하는 연산자입니다.

```
void main(){
  // 같다
  print("2==3  ->  ${2==3}");
  // 다르다
  print("2!=3  ->  ${2!=3}");
```

```dart
  // 왼쪽 값 보다 크다
  print("2<3 -> ${2<3}");
  // 왼쪽 값 보다 작다
  print("2>3 -> ${2>3}");
  // 왼쪽 값 보다 크거나 같다
  print("2<=3 -> ${2<=3}");
  // 왼쪽 값 보다 작거나 같다
  print("2>=3 -> ${2>=3}");
}
```

```
Console

 2==3 -> false
 2!=3 -> true
 2<3 -> true
 2>3 -> false
 2<=3 -> true
 2>=3 -> false
```
◆ 실행 결과 화면

논리 연산자

두 개의 참/거짓 값으로 새로운 참/거짓을 반환하는 연산자입니다.

```dart
void main(){
  // 부정
  print("!true -> ${!true}");
  // 그리고
  print("true && false -> ${true && false}");
  print("true && true -> ${true && true}");
  // 또는
  print("true || false -> ${true || false}");
}
```

```
Console

 !true -> false
 true && false -> false
 true && true -> true
 true || false -> true
```
◆ 실행 결과 화면

03 _ 4 조건문

if문

조건이 "참이면, 참이 아니면"을 구분하여 프로그램을 분기시킬 때 사용합니다.

```dart
void main(){
  int point = 90;

  if(point >= 90){
    print("A학점");
  }else if(point >= 80){
    print("B학점");
  }else if(point >= 70){
```

```
    print("C학점");
  }else{
    print("F학점");
  }
}
```

◆ 실행 결과 화면

삼항 연산자

조건식 ? 참이면 실행 : 거짓이면 실행

```
void main(){
  int point = 60;
  print(point>=60 ? "합격" : "불합격");
}
```

◆ 실행 결과 화면

null 대체 연산자

변수의 값이 null이면 ?? 뒤의 값이 출력되고, null이 아니면 변수의 값이 출력됩니다.

```
void main(){
  String username = null;

  print(username);
  print(username ?? "홍길동");
}
```

◆ 실행 결과 화면

03 _ 5 함수

함수

함수란 하나의 특별한 목적의 작업을 수행하기 위해 독립적으로 설계된 코드의 집합입니다. 함수를 사용하는 이유는 반복적인 프로그래밍을 피하고 코드를 재사용할 수 있게 해줍니다. 함수로 코드를 나누어 작성하면 모듈화가 되고 가독성이 좋아지며 문제가 발생했을 때 손쉽게 유지보수 할 수 있습니다.

```
int f(int n){
  return n;
}
```

```
// int => 리턴 타입
// addOne => 함수 이름
// (int n) => 매개 변수
// return n+1 => 반환 값
int addOne(int n){
  return n+1;
}

void main(){
  // addOne(2) => 함수 호출
  // (2) => 함수 호출시 전달하는 인수
  // int result => 반환된 결과 값을 받는 변수
  int result = addOne(2);
  print("결과 : ${result}");
}
```

```
Console
결과 : 3
```

◆ 실행 결과 화면

[시나리오]

❶ 2단을 출력하는 구구단 프로그램을 작성해보겠습니다.

```
void main(){
  print("2*1=2");
  print("2*2=4");
  print("2*3=6");
  print("2*4=8");
  print("2*5=10");
  print("2*6=12");
  print("2*7=14");
  print("2*8=16");
  print("2*9=18");
}
```

```
Console
2*1=2
2*2=4
2*3=6
2*4=8
2*5=10
2*6=12
2*7=14
2*8=16
2*9=18
```

◆ 실행 결과 화면

❷ 3단을 출력하는 구구단 프로그램을 작성해보겠습니다.

```
void main(){

  int num = 3;

  print("${num}*1=${num*1}");
```

```
    print("${num}*2=${num*2}");
    print("${num}*3=${num*3}");
    print("${num}*4=${num*4}");
    print("${num}*5=${num*5}");
    print("${num}*6=${num*6}");
    print("${num}*7=${num*7}");
    print("${num}*8=${num*8}");
    print("${num}*9=${num*9}");
}
```

```
Console

  3*1=3
  3*2=6
  3*3=9
  3*4=12
  3*5=15
  3*6=18
  3*7=21
  3*8=24
  3*9=27
```
◆ 실행 결과 화면

❸ 4단을 출력하는 구구단 프로그램을 작성해보겠습니다.

```
// 1~9단 까지 출력해주는 함수
void gugudan(int num){
    print("${num}*1=${num*1}");
    print("${num}*2=${num*2}");
    print("${num}*3=${num*3}");
    print("${num}*4=${num*4}");
    print("${num}*5=${num*5}");
    print("${num}*6=${num*6}");
    print("${num}*7=${num*7}");
    print("${num}*8=${num*8}");
    print("${num}*9=${num*9}");
}

void main(){
    gugudan(4);
}
```

```
Console

  4*1=4
  4*2=8
  4*3=12
  4*4=16
  4*5=20
  4*6=24
  4*7=28
  4*8=32
  4*9=36
```
◆ 실행 결과 화면

익명함수와 람다식

익명함수와 람다식의 가장 큰 차이는 람다식에서는 return 키워드를 적지 않아도 값이 반환되지만 익명함수는 값을 반환하려면 return 키워드를 꼭 적어야 합니다.

❶ 익명함수

함수에 이름이 없습니다.

(매개변수) { 동작 혹은 반환값 }

```dart
// 함수를 매개변수로 전달받을 때는 Function 키워드를 사용합니다.
void magicBox(Function f){
  f();
}

void main(){
  // 익명 함수를 인수로 전달할 수 있습니다.
  magicBox((){
    print("더하기");
  });
}
```

```
Console
더하기
```
◆ 실행 결과 화면

```dart
// 변수에 익명 함수를 대입할 수 있습니다. 이때 Function 타입을 사용합니다.
Function add = (int n1, int n2){
  print(n1+n2);
};

void main(){
  add(1,3);
}
```

```
Console
4
```
◆ 실행 결과 화면

❷ 람다식

함수를 하나의 식으로 표현합니다.

(매개변수) => 동작 혹은 반환값

```dart
void main(){
  // 람다 표현식
  Function addOne = (n) => n + 1;
  print(addOne(2));

  // 익명함수
  Function addTwo = (n){
    return n+2;
  };
  print(addTwo(2));
}
```

```
Console
3
4
```
◆ 실행 결과 화면

❝ 함수(Function)는 클래스 외부에 존재하고 메서드(Method)는 클래스 내부에 존재합니다. 이 책에서는 함수와 메서드 이름을 구분하지 않겠습니다.

03 _ 6 클래스

클래스는 객체를 정의하는 설계도입니다.

클래스란?

현실 세상에 존재하는 대부분의 것들은 클래스로 표현할 수 있습니다.

자전거
❶ 바퀴 2개
❷ 손잡이 1개
❸ 몸체 1개

기능
❶ 앞으로 전진

객체(Object)란

객체란 클래스(설계도)를 통해 현실 세계에 뿌리내릴 수 있는 것을 말합니다. 아직 현실 세계에 존재하지는 않지만 존재할 수 있는 가능성이 있는 것을 객체라고 합니다. 그리고 현실세계에 존재하게 되면 인스턴스가 되었다고 합니다.

◆ 사자 객체

사자 클래스를 정의하였습니다. 사자는 이 세계에 존재할 수 있는 객체(Object)입니다.

◆ 동물은 객체가 될 수 없다

하지만 동물 클래스를 설계하고 이 세계에 뿌리내리게 하는 것은 불가능합니다. 왜냐하면 동물은 이 세계에 존재할 수 없는 것이기 때문입니다. 동물은 사자, 호랑이, 기린 같은 것들을 어우를 수 있는 포괄적인 개념입니다. 이런 것들은 실제 세상에 존재할 수 없기 때문에 객체가 될 수 없습니다. 동물 클래스는 추상적인 것입니다.

프로그래밍 세상에서 객체란 메모리(프로그래밍 세상)에 로드할 수 있는 것을 말하며 객체가 될 수 없다는 것은 메모리(프로그래밍 세상)에 로드할 수 없다는 뜻입니다.

객체 지향 프로그래밍

클래스(설계도)를 정의하고 main() 함수에서 사용해보도록 하겠습니다.

```dart
class Dog {
  String name = "Toto";
  int age = 13;
  String color = "white";
  int thirsty = 100; // 목마름
}

void main(){
  Dog d1 = Dog(); // 객체 생성 (메모리에 로드)
  print("이름은 ${d1.name}");
  print("나이는 ${d1.age}");
  print("색깔은 ${d1.color}");
  print("목마름 지수는 ${d1.thirsty}");
}
```

```
Console

이름은 Toto
나이는 13
색깔은 white
목마름 지수는 100
```
◆ 실행 결과 화면

[시나리오]

❶ 강아지가 목이 마릅니다.

```dart
class Dog {
  String name = "Toto";
  int age = 13;
  String color = "white";
  int thirsty = 100; // 갈증 지수
}

void main(){
  Dog d1 = Dog(); // 객체 생성 (메모리에 로드)
  d1.thirsty = 50;
  print("갈증 지수는 ${d1.thirsty}");
}
```

```
Console

갈증 지수는 50
```
◆ 실행 결과 화면

강아지가 목이 마르기 때문에 thirsty 변수에 값을 50으로 변경하였습니다. 이것은 마법입니다. 여러분이 목이 마르면 어떻게 하나요? '갈증 지수를 50으로 변경해'라고 마음속으로 외치나요?

❷ 행위를 통해서 갈증 지수 변경하기

```
class Dog {
  String name = "Toto";
  int age = 13;
  String color = "white";
  int thirsty = 100; // 갈증 지수

  // 물을 마실 때 마다 갈증 지수가 50씩 내려간다.
  void drinkWater(){
    thirsty = thirsty - 50;
  }
}

void main(){
  Dog d1 = Dog(); // 객체 생성 (메모리에 로드)
  d1.drinkWater();
  print("갈증 지수는 ${d1.thirsty}");
  d1.drinkWater();
  print("갈증 지수는 ${d1.thirsty}");
}
```

```
Console

갈증 지수는 50
갈증 지수는 0
```

◆ 실행 결과 화면

객체란 상태와 행위를 함께 지니며 행위를 통해 상태를 변경합니다.

❸ 협력하기

객체는 다른 객체와 협력할 수 있습니다. 그리고 협력하기 위해 언어나 몸짓을 교환합니다.

```
class Dog {
  String name = "Toto";
  int age = 13;
  String color = "white";
  int thirsty = 100; // 갈증 지수

  void drinkWater(Water w){
    w.drink();
    thirsty = thirsty - 50;
  }
}

class Water {
  double liter = 2.0; // 물 2리터

  void drink(){
    liter = liter - 0.5;
  }
}
```

```
void main(){
  Dog d1 = Dog(); // 객체 생성 (메모리에 로드)
  Water w1 = Water(); // 객체 생성 (메모리에 로드)

  d1.drinkWater(w1);
  print("남은 물의 양 ${w1.liter}");
  print("갈증 지수는 ${d1.thirsty}");
}
```

```
Console
남은 물의 양 1.5
갈증 지수는 50
```
◆ 실행 결과 화면

TIP

Dart에서 변수와 함수명을 정의할 때는 카멜표기법(낙타표기법)을 사용합니다.
예 int myNum = 10;

Dart에서 파일명을 정의할 때는 언더스코어 방식을 사용합니다.
예 my_num.dart

Dart에서 클래스명을 정의할 때는 파스칼표기법을 사용합니다.
예 class MyNum {}

❝ 다른 클래스에서 접근할 수 없는 private 변수를 만들기 위해서는 변수명 앞에 _(언더스코어)를 붙여주면 됩니다.
String _name; // private 변수

생성자

생성자는 클래스를 객체로 만들 때 초기화를 위한 함수입니다.

[시나리오]

❶ 강아지 2마리를 생성해보겠습니다.

```
class Dog {
  String name = "Toto";
  int age = 13;
  String color = "white";
  int thirsty = 100; // 갈증 지수
}

void main(){
  Dog d1 = Dog();
  Dog d2 = Dog();

  print("d1의 이름은 ${d1.name}");
  print("d2의 이름은 ${d2.name}");
}
```

```
Console
d1의 이름은 Toto
d2의 이름은 Toto
```
◆ 실행 결과 화면

강아지를 만들 때마다 Toto가 생성됩니다. 그 이유는 변수가 초기화(이미 값이 할당되어 있음)가 되어있기 때문입니다.

❷ 생성자를 이용해보겠습니다.

```
class Dog {
  String name;
  int age;
  String color;
  int thirsty;

  Dog(this.name, this.age, this.color, this.thirsty){}
}

void main(){
  Dog d1 = Dog("Toto", 13, "white", 100);
  Dog d2 = Dog("Mango", 2, "white", 50);

  print("d1의 이름은 ${d1.name}");
  print("d2의 이름은 ${d2.name}");
}
```

```
Console
d1의 이름은 Toto
d2의 이름은 Mango
```

◆ 실행 결과 화면

선택적 매개변수

Dart 언어는 오버로딩이 없습니다. 대신 더 강력한 선택적 매개변수 방식을 사용합니다. 문법은 매개변수를 {}로 감싸면 됩니다.

함수({매개변수, 매개변수})

[시나리오]

❶ Person 클래스를 정의해보겠습니다.

```
class Person {
  String name;
  int money;

  Person(this.name, this.money);
}

void main(){
```

```dart
  Person p1 = Person("홍길동", 0);
  Person p2 = Person("임꺽정", 10000);

  print("${p1.name}의 재산은 ${p1.money}");
  print("${p2.name}의 재산은 ${p2.money}");
}
```

```
Console
홍길동의 재산은 0
임꺽정의 재산은 10000
```
◆ 실행 결과 화면

홍길동은 재산이 없기 때문에 값을 받지 않아도 됩니다.

❷ 선택적 매개변수를 사용합니다.

```dart
class Person {
  String name;
  int money;

  // 값이 들어오지 않을 때 기본 값을 정의할 수 있다.
  Person({this.name, this.money = 0});
}

void main(){
  Person p1 = Person(name:"홍길동");
  Person p2 = Person(name:"임꺽정", money:10000);

  print("${p1.name}의 재산은 ${p1.money}");
  print("${p2.name}의 재산은 ${p2.money}");
}
```

```
Console
홍길동의 재산은 0
임꺽정의 재산은 10000
```
◆ 실행 결과 화면

선택적 매개변수를 사용하면 '첫 번째 인수가 name이고 두 번째 인수가 money 였나?' 라는 의문을 품을 필요가 없습니다. 그리고 필요하지 않은 인수를 전달하지 않아도 되는 장점이 있습니다.

> ❝ 오버로딩이란 같은 이름의 함수를 여러 개 정의하는 것을 말합니다. 이때 같은 이름의 함수를 구분하기 위해 매개변수의 타입, 매개변수의 개수, 매개변수의 순서를 달리하여 함수를 구분합니다.

cascade 연산자

.. 연산자를 사용하면 코드 한 줄로 객체를 변수로 넘겨주면서 객체가 가진 함수를 호출할 수 있는 유용한 표기법입니다.

```
class Chef {
  String name;
  Chef(this.name);
  void cook(){
    print("요리를 시작합니다.");
  }
}

void main(){
  Chef c1 = Chef("홍길동")..cook(); // cascade 연산자
  print("요리사 이름 ${c1.name}");
}
```

```
Console
요리를 시작합니다.
요리사 이름 홍길동
```
◆ 실행 결과 화면

03 _ 7 상속

상속은 부모가 가진 상태와 행위를 자식이 물려받는 것과 동시에 다형성이 성립해야 합니다.

다형성

다형성이란 여러 가지 형태를 가질 수 있는 능력을 의미합니다.

◆ 엔진을 상속 – 잘못됨

잘 만들어진 엔진 클래스가 있습니다. BMW와 제네시스를 만드는 곳에서 잘 만들어진 엔진을 사용하고 싶어서 상속을 하게 되면 다형성이 성립하지 않습니다. 다형성이 성립하기 위한 조건은 BMW에게 "너 엔진이니?" 라고 물었을 때 "나 엔진이야" 라고 답할 수 있어야 하기 때문입니다. 이때는 엔진을 컴퍼지션(결합) 혹은 Mixin을 해야 합니다.

◆ 햄버거를 상속

잘 만들어진 햄버거 클래스가 있습니다. 잘 만들어진 햄버거 클래스를 사용하여 치즈 햄버거와 불고기 햄버거를 만들었습니다. 이때는 다형성이 성립합니다. 왜냐하면 치즈 햄버거에게 "너 햄버거니?"라고 물었을 때 "나 햄버거야" 라고 답할 수 있기 때문입니다. 치즈 햄버거에게는 2개의 이름이 있습니다. 햄버거와 치즈햄버거입니다. 어떻게 불러도 상관이 없습니다. 이렇게 다형성이 성립하는 경우에 상속을 합니다.

상속을 하기 위해서는 extends 키워드를 사용합니다.

```dart
class Burger {
  Burger(){ // 부모 생성자
    print("버거");
  }
}

class CheeseBurger extends Burger {
  CheeseBurger(){ // 자식 생성자
    print("치즈버거");
  }
}

void main(){

  CheeseBurger cb = CheeseBurger();
  // CheeseBurger는 다형성을 가집니다. Burger이기도 하고 CheeseBurger이기도 합니다.
  // Burger cb2 = CheeseBurger(); 해당 코드도 가능합니다.
}
```

```
Console
 버거
 치즈버거
```

◆ 실행 결과 화면

❝ CheeseBurger 생성자가 실행되면 내부 스택으로 들어있는 print("치즈버거")가 먼저 실행되는 것이 아니라 부모의 Burger 생성자의 내부 스택인 print("버거")가 먼저 실행됩니다.

슈퍼(super) 키워드

super 키워드는 자식이 부모의 객체를 참조할 수 있는 키워드입니다.

```dart
class Burger {
  String name;
  Burger(){}
}

class CheeseBurger extends Burger {
  CheeseBurger(String name){
    super.name = name;
```

```
    }
  }

void main(){
  CheeseBurger cb = CheeseBurger("치즈햄버거");
  print(cb.name);
}
```

자식 CheeseBurger의 name 변수를 출력하였는데 부모의 name 변수가 출력됩니다. 자식이 부모의 변수를 사용할 수 있습니다.

final 키워드와 이니셜 라이져(:) 키워드

final 키워드는 변수를 단 한 번만 초기화 하겠다고 선언하는 키워드입니다. 그리고 무조건 단 한 번은 초기화 되어야 하는 변수입니다. 한 번 final로 초기화된 변수는 변경할 수 없기 때문에 변수가 아닌 상수라고 부릅니다.

```
final String name = "홍길동";
name = "장보고" // 오류
```

: 키워드는 생성자의 내부 스택이 실행되기 전에 다른 무언가를 호출하고 싶을 때 사용합니다. Flutter를 하다 보면 자주 보는 코드이기 때문에 이해해두면 좋습니다.

아래 예제는 final을 잘못 사용한 예입니다.

```
class Burger {
 final String name;
 Burger(){}
}
class CheeseBurger extends Burger {

 CheeseBurger(String name){
 super.name = name;
 }
}
void main(){
 CheeseBurger cb = CheeseBurger("치즈햄버거");
 print(cb.name);
}
```

```
 1 class Burger {
 2   final String name;
 3   Burger(){}
 4 }
 5        All final variables must be initialized, but 'name' isn't.
 6 class CheeseBurger extends Burger {
 7
 8   CheeseBurger(String name){
 9     super.name = name;
10   }
11 }
12
13 void main(){
14   CheeseBurger cb = CheeseBurger("치즈햄버거");
15   print(cb.name);
16 }
```

◆ 코드 오류 화면

위 코드는 오류가 납니다. 그 이유는 final 변수는 반드시 초기화 되어야 하는 변수인데 CheeseBurger의 생성자가 실행되면 내부의 super.name = name 부분이 먼저 실행되는 것이 아니라 부모 Burger 클래스의 생성자가 먼저 실행되게 됩니다. Dart 컴파일러 입장에서는 final String name 의 값이 반드시 초기화 되어야 하는데 생성자가 실행될 때까지 초기화가 되지 않았기 때문에 오류가 나는 것입니다.

이런 경우에는 이니셜 라이져 키워드를 사용하면 쉽게 해결할 수 있습니다. 이니셜 라이져 키워드를 사용하면 자식 생성자의 내부 스택이 실행되기 전에 부모 생성자에게 값을 전달할 수 있습니다.

```
class Burger {
  final String name;
  Burger(this.name);
}
class CheeseBurger extends Burger {
  CheeseBurger(String name) : super(name) {

  }
}
void main(){
  CheeseBurger cb = CheeseBurger("치즈햄버거");
  print(cb.name);
```

```
Console
치즈햄버거
```

◆ 실행 결과 화면

TIP

스택이란 함수의 {} 내부를 말합니다.
함수이름(){
 => 이 부분이 스택입니다.
}

❝ this 키워드는 자기 자신의 객체를 의미합니다.

```
// 생성자 매개변수로 값을 받는 방법 1
class Dog {
 String name;
 Dog(String name){
 this.name = name;
 }
}
// 생성자 매개변수로 값을 받는 방법 2
class Dog {
 String name;
 Dog(this.name);
}
```

03 _ 8 Mixin

Mixin은 여러 클래스 계층에서 클래스의 코드를 재사용하는 방법입니다. Mixin을 사용하게 되면 다중 상속의 문제를 해결할 수 있고 컴퍼지션을 사용하지 않고 다른 클래스의 코드를 재사용할 수 있습니다.

```
class Engine {
 int power = 5000; // 5000 cc
}
class Wheel {
 String wheelName = "4륜 구동 바퀴";
}
class BMW with Engine, Wheel{

}
void main(){
 BMW b = new BMW();
 print(b.power);
 print(b.wheelName);
}
```

```
Console

5000
4륜 구동 바퀴
```

◆ 실행 결과 화면

```
// 컴포지션
class Engine {
 int power = 5000; // 5000 cc
}
class BMW{
 Engine engine; // 엔진을 재사용하기 위해 컴퍼지션한 코드
 BMW(this.engine);
}
void main(){
 BMW b = new BMW(Engine());
 print(b.engine.power); // 결과 5000
}
```

03 _ 9 추상 클래스

추상 클래스는 추상적인 클래스입니다. 추상적이기 때문에 객체를 만들 수 없습니다.

```
abstract class Animal {
  void sound();
}
```

추상 클래스란?

추상 클래스는 추상 메서드를 가지고 있습니다. 추상 클래스를 사용하는 이유는 수많은 객체를 추상화하는 공통 부모를 만들 수 있기 때문입니다. 공통 부모를 만들면 어떤 이점이 있을까요?

[시나리오 1 - 잘못된 코드]

❶ 유아용 동물 소리 프로그램을 만들어 봅니다.

```
class Dog {
  void sound(){
    print("멍멍 배고파");
  }
}

class Cat {
  void sound(){
    print("야옹 배고파");
  }
}

void main() {
  Dog d = Dog();
  Cat c = Cat();

  d.sound();
  c.sound();
}
```

```
Console

멍멍 배고파
야옹 배고파
```

◆ 실행 결과 화면

❷ 팀장이 신입 개발자에게 물고기 소리 프로그램을 추가해달라고 요청합니다.

```
class Fish {
  void hungry(){
    print("뻐끔뻐끔 배고파");
  }
}
```

❸ 물고기 소리를 테스트 해보겠습니다.

```
void main() {
  Fish f = Fish();
  f.sound(); // 오류
}
```

오류가 난 이유는 신입 개발자가 만든 함수의 이름이 hungry() 이기 때문입니다. 누구의 잘못일까요? 당연히 팀장의 잘못입니다. 사람은 누구나 실수할 수 있고 이런 실수를 줄이기 위한 코드를 작성해야 합니다.

[시나리오 2 - 잘 작성된 코드]

❶ 유아용 동물 소리 프로그램을 만들어 봅니다.

```dart
abstract class Animal {
  void sound();
}

class Dog implements Animal{
  // 오버라이드 (동일한 이름의 부모 함수를 무효화 시킨다)
  void sound(){
    print("멍멍 배고파");
  }
}

class Cat implements Animal{
  // 오버라이드 (동일한 이름의 부모 함수를 무효화 시킨다)
  void sound(){
    print("야옹 배고파");
  }
}

void start(Animal a){
  // Animal 추상클래스의 sound 함수가 오버라이드(무효화) 되고
  // 자식의 Dog, Cat의 sound 함수가 실행된다.
  // 이것을 동적 바인딩이라고 한다.
  a.sound();
}

void main() {
  start(Dog());
  start(Cat());
}
```

❷ 팀장이 신입 개발자에게 물고기 소리 프로그램을 추가해달라고 요청합니다. 그리고 추가할 때 Animal 추상 클래스를 implements 해서 만들어 달라고 부탁합니다.

```dart
class Fish implements Animal {
        Missing concrete implementation of 'Animal.sound'.
  void hungry(){
    print("뻐끔뻐끔 배고파");
  }
}
```

코드를 위와 같이 구성했더니 Animal.sound 함수를 구현하지 않았다고 오류가 납니다. 그래서 신입 개발자는 다음과 같이 코드를 만들게 됩니다.

```
abstract class Animal {
  void sound();
}

class Dog implements Animal{
  void sound(){
    print("멍멍 배고파");
  }
}

class Cat implements Animal{
  void sound(){
    print("야옹 배고파");
  }
}

class Fish implements Animal {
  void sound(){
    print("뻐끔뻐끔 배고파");
  }
}

void start(Animal a){
  // Animal 추상클래스의 sound 함수가 오버라이드(무효화) 되고
  // 자식의 Dog, Cat의 sound 함수가 실행된다.
  // 이것을 동적 바인딩이라고 한다.
  a.sound();
}

void main() {
  start(Dog());
  start(Cat());
  start(Fish());
}
```

```
Console
멍멍 배고파
야옹 배고파
뻐끔뻐끔 배고파
```
◆ 실행 결과 화면

추상 클래스 Animal을 사용하여 Dog 클래스와 Cat 클래스와 Fish 클래스를 Animal 타입으로 묶을 수 있습니다. 이것을 다형성이라고 합니다. 다형성을 이용하여 추상 클래스의 함수를 호출했을 때 자식 클래스에서 함수를 오버라이드(무효화)하게 되면 자식의 함수가 동적으로 실행되게 됩니다.

03 _ 10 컬렉션

List

List는 데이터의 중복이 가능하고 순서가 있는 자료를 담는 컬렉션입니다. 자료는 순차적으로
index(번호)를 생성하여 쌓이게 됩니다. 이때 ◇ 타입을 사용하게 되는데 제네릭 타입이라고 합니
다. 제네릭 타입이 처음인 분들은 크게 신경 쓰지 않아도 됩니다. 이유는 Dart는 타입 추론을 제공하
기 때문에 var로 선언할 수 있습니다.

타입 지정

```
List<int> nums = [1,2,3,4];
```

타입 추론

```
var nums = [1,2,3,4];
```

```dart
void main() {
  List<int> nums = [1,2,3,4];
  print(nums[0]);
  print(nums[1]);
  print(nums[2]);
  print(nums[3]);
}
```

```
Console

1
2
3
4
```
◆ 실행 결과 화면

Map

Map은 키(key)와 값(value)의 쌍으로 이루어진 컬렉션입니다. List는 index 번호로 값을 찾지만
Map은 키(key)로 값을 찾아냅니다.

```dart
void main() {
  Map<String, dynamic> user = {
    "id": 1,
    "username": "cos"
  };

  print(user["id"]);
  print(user["username"]);
}
```

```
Console

1
cos
```
◆ 실행 결과 화면

Set

집합을 표현하는 컬렉션입니다. 데이터의 중복이 허용되지 않기 때문에 로또 번호 생성기등을 만들
때 유용하게 사용할 수 있습니다. 그리고 List와는 다르게 Set은 순서가 없습니다.

```dart
// Dart 에서 기본적으로 제공하는 라이브러리를 import 합니다.
import 'dart:math';

void main() {
  Set<int> lotto = {};

  // Random 클래스는 dart:math 라이브러리를 사용합니다.
  Random r = Random();
  lotto.add(r.nextInt(45)+1);
  lotto.add(r.nextInt(45)+1);
  lotto.add(r.nextInt(45)+1);
  lotto.add(r.nextInt(45)+1);
  lotto.add(r.nextInt(45)+1);
  lotto.add(r.nextInt(45)+1);

  print(lotto);

  // toList() 함수를 사용하면 List 타입으로 변경 가능합니다.
  List<int> lottoList = lotto.toList();
  // List 타입은 sort() 메서드로 정렬할 수 있다.
  lottoList.sort();
  print(lottoList);
}
```

```
Console
{45, 24, 18, 38, 6, 12}
[6, 12, 18, 24, 38, 45]
```

◆ 실행 결과 화면

03 _ 11 반복문

for 문

반복문을 작성하게 해줍니다.

```dart
void main() {
  var list = [1,2,3,4];

  for(int i=0; i< list.length; i++){
    print(list[i]);
  }
}
```

```
Console
1
2
3
4
```

◆ 실행 결과 화면

map 함수

반복되는 값을 하나씩 변형하기 위해 사용합니다. 예를 들어 회전 초밥집에 초밥 3개가 회전하고 있을 때, 초밥마다 간장을 조금씩 올릴 수 있습니다.

```
void main() {
  var chobab = ["새우초밥", "광어초밥", "연어초밥"];
  var chobabChange = chobab.map((i) => "간장_"+i);
  print(chobabChange);
}
```

```
Console
  (간장_새우초밥, 간장_광어초밥, 간장_연어초밥)
```
◆ 실행 결과 화면

TIP   map 함수 사용 예

❶ 컬렉션에 담긴 데이터를 반복해서 플러터 위젯에 담고 화면에 출력할 때 많이 사용합니다. 이때 for 문을 사용하지 않는 이유는 for 문은 값을 return 하지 못하기 때문입니다.
❷ 컬렉션에 담긴 데이터를 반복해서 플러터 위젯에 담는데 그 값을 조금씩 변형해야 할 때 많이 사용합니다.
❸ map 함수는 Iterator 타입을 return 하기 때문에 끝에 toList() 함수를 추가하여 List 타입으로 반환하는 것이 좋습니다. List 타입이 Iterator 타입보다 활용하기 좋습니다.

where 연산자

반복되는 값에서 필요 없는 값을 필터링하거나 필요한 값을 찾을 때 사용합니다. 회전 초밥집에 초밥 3개가 회전하고 있을 때, 광어 초밥이 잘못 올라가서 광어 초밥을 제거하고 싶다면 where을 사용하면 됩니다.

```
void main() {
  var chobab = ["새우초밥", "광어초밥", "연어초밥"];
  var chobabChange = chobab.where((i) => i != "광어초밥");
  print(chobabChange);
}
```

```
Console
  (새우초밥, 연어초밥)
```
◆ 실행 결과 화면

TIP   where 함수 사용 예

조건을 필터링할 때 사용하기 때문에 컬렉션에 담긴 데이터를 삭제할 때 많이 사용합니다.

스프레드 연산자

... 연산자는 컬렉션에 담긴 데이터를 흩뿌리는(spread) 연산자입니다.

❶ 값을 가지고 있는 컬렉션 깊은 복사

```
void main() {
  var list = [1,2,3];
  var newList = [...list];

  newList[0] = 500;
  print(list);
  print(newList);
}
```

```
Console

[1, 2, 3]
[500, 2, 3]
```

◆ 실행 결과 화면

❷ Map을 가지고 있는 컬렉션 깊은 복사 – 잘못된 코드

```
void main() {
  var list = [{"id": 1},{"id": 2}];
  var newList = [...list];

  newList[0]["id"] = 500;

  print(list);
  print(newList);

  print(list.hashCode);
  print(newList.hashCode);
}
```

```
Console

[{id: 500}, {id: 2}]
[{id: 500}, {id: 2}]
555188933
424210323
```

◆ 실행 결과 화면

해시코드를 출력해보면 분명 다른 메모리 주소입니다. 깊은 복사는 되었다는 뜻입니다. 하지만 내부의 Map 데이터 자체가 레퍼런스를 참조하고 있어서 값을 변경할 때, list와 newList가 함께 변경되어 버립니다. 그래서 이 방법으로는 완벽한 깊은 복사를 할 수 없습니다.

❸ Map을 가지고 있는 컬렉션 깊은 복사 – 올바른 코드

```
void main() {
  var list = [{"id": 1},{"id": 2}];
  var newList = list.map((i) => {...i}).toList();

  newList[0]["id"] = 500;

  print(list);
  print(newList);

  print(list.hashCode);
  print(newList.hashCode);
}
```

```
Console

[{id: 1}, {id: 2}]
[{id: 500}, {id: 2}]
402531064
35439222
```

◆ 실행 결과 화면

❹ 컬렉션에 데이터 추가

```dart
void main() {
  var list = [1,2,3];
  var newList = [...list, 4];

  print(list);
  print(newList);
}
```

```
Console

  [1, 2, 3]
  [1, 2, 3, 4]
```
◆ 실행 결과 화면

❺ 컬렉션에 데이터 수정 – 잘못된 코드

```dart
void main() {
  var users = [
    {"id":1, "username":"cos", "password":1234},
    {"id":2, "username":"ssar", "password":5678},
  ];

  // id : 2 번의 username을 love로 변경
  var newUsers = users.map(
    (user)=> user["id"] == 2 ? {"id":2, "username": "love", "password": 5678} : user
  );

  print(users);
  print(newUsers);
}
```

```
Console

  [{id: 1, username: cos, password: 1234}, {id: 2, username: ssar, password: 5678}]
  ({id: 1, username: cos, password: 1234}, {id: 2, username: love, password: 5678})
```
◆ 실행 결과 화면

이 코드가 잘못된 코드인 이유는 username을 love로 변경하기 위해서 다른 값들을 적어줘야 하는
문제가 있습니다. 지금은 id, username, password 밖에 없지만 만약에 10개 이상이라면 어떻게 해
야 할까요? 너무 골치가 아픈 코드입니다.

❻ 컬렉션에 데이터 수정 - 올바른 코드

```
void main() {
  var users = [
    {"id":1, "username":"cos", "password":1234},
    {"id":2, "username":"ssar", "password":5678},
  ];

  // id : 2 번의 username을 love로 변경
  var newUsers = users.map(
    (user)=> user["id"] == 2 ? {...user, "username": "love"} : user
  );

  print(users);
  print(newUsers);
}
```

```
Console
[{id: 1, username: cos, password: 1234}, {id: 2, username: ssar, password: 5678}]
({id: 1, username: cos, password: 1234}, {id: 2, username: love, password: 5678})
```

◆ 실행 결과 화면

스프레드 연산자를 사용하게 되면 user가 들고 있는 모든 값들을 흩뿌리고 뒤에 있는 "username":"love" 부분이 흩뿌린 데이터와 키 값(username)이 동일할 때 내용을 덮어씁니다. 만약 키 값이 동일하지 않으면 데이터가 추가됩니다. 스프레드 연산자를 사용하면 컬렉션의 값을 수정할 때 유용합니다.

TIP 스프레드 연산자 사용 예

❶ 컬렉션을 깊은 복사할 때 사용합니다.
❷ 컬렉션에 데이터를 추가할 때 사용합니다.
❸ 컬렉션에 특정 데이터를 수정할 때 사용합니다.

03 _ 12 final과 const

final과 const는 둘 다 상수를 선언하게 하는 키워드입니다. 차이점이 있다면 final은 프로그램이 실행될 때(runtime) 값이 초기화 되지만, const는 컴파일 시점에 값이 초기화 됩니다.
const를 잘 활용하면 flutter에서 그림을 효율적으로 그릴 수 있습니다.

컴파일 시에 초기화되기 때문에 런타임 때 속도가 빠르다.
동일한 클래스를 객체로 여러 번 만들어야 하는 경우에 생성자 인수의 값이 동일하면 같은 객체이기 때문에 메모리에 만들어진 객체를 재사용한다.
동일한 클래스를 객체로 여러 번 만들어야 하는 경우에 생성자 인수의 값이 다르면 새로운 객체를 생성한다.

❶ 생성자 인수의 값이 동일하기 때문에 객체를 재사용합니다.

```
class Animal{
  final String name;
  const Animal(this.name);
}

void main(){
  Animal a2 = const Animal("사자")
  Animal a2 = const Animal("사자");

  print(a1.hashCode);
  print(a2.hashCode);
}
```

```
Console
402232219
402232219
```
◆ 실행 결과 화면

❷ 생성자 인수의 값이 다르기 때문에 새로운 객체를 생성합니다.

```
class Animal{
  final String name;
  const Animal(this.name);
}

void main(){
  Animal a1 = const Animal("사자");
  Animal a2 = const Animal("기린");

  print(a1.hashCode);
  print(a2.hashCode);
}
```

```
Console
619492243
892070705
```
◆ 실행 결과 화면

❝ hashCode 멤버변수를 사용하면 메모리의 주소를 hashCode로 변경하여 알려주게 되는데 그 코드의 값이 같다는 것은 같은 메모리를 사용한다는 뜻입니다.

03 _ 13 Null Safety

Dart 2.12 버전부터 Null Safety가 적용됩니다.

?를 클래스 뒤에 붙이면 Null Safety가 적용되어서 null을 받을 수 있는 타입이 됩니다.

```
String? name = null;
```

?를 클래스 뒤에 붙이지 않으면 Null Safety가 적용되지 않아서 null을 받을 수 없습니다.

```
String name = null; //오류
```

가장 아래에 Null Safety를 활성화합니다.

◆ Null Safety 활성화

```dart
class Person {
  String name;
  int age;

  Person({this.name, this.age}); // 오류
}

void main() {
  Person p = Person();
}
```

Null Safety가 적용되면 위에 생성자 부분의 코드는 오류가 발생합니다. 그 이유는 선택적 매개변수는 값을 받을 수도 있고 받지 않을 수도 있는데 String 타입과 int 타입은 null을 허용하지 않는 타입이기 때문입니다.

required

required 키워드를 생성자 파라미터의 변수명 앞에 붙이게 되면 선택적 파라미터이지만 값을 무조건 받아야 합니다.

```
class Person {
  String name;
  int age;

  Person({required this.name, required this.age});
}

void main() {
  Person p = Person(name: "홍길동", age: 30);
}
```

Null Safety (?) 적용하기

```
class Person {
  String? name; // null을 받을 수 있는 타입
  int? age; // null을 받을 수 있는 타입

  Person({this.name, this.age});
}

void main() {
  Person p = Person(age: 20);
  String name2 = p.name ?? "이름없음"; // null 대체 연산자로 값 받기
  int age2 = p.age ?? 0; // null 대체 연산자로 값 받기

  print(name2);
  print(age2);
```

```
Console

이름없음
20
```

◆ 실행 결과 화면

Flutter project

CHAPTER 04

스토어 앱 만들기

이번 장에서는 MaterialApp, Scaffold, Column, Row, Text, SafeArea, Image, Spacer, Expanded, Padding, SizedBox 위젯에 대해서 알아보는 시간을 가지겠습니다.

04 _ 1 스토어 앱 구조보기

모든 소스 코드는 다음 깃허브 경로에 공개되어 있습니다.

- https://github.com/flutter-coder/flutter-ui-book1

◆ github 소스코드 다운로드 방법   ◆ 교재 진행에 필요한 이미지, 폰트, 로고가 모여 있는 폴더

TIP   전체 소스코드를 다운

https://github.com/flutter-coder/flutter-ui-book1 해당 경로로 이동하여 Code – Download ZIP 버튼을 클릭하면 됩니다.
다운 받으면 좋은 점
❶ 소스코드를 다운 받아두면 교재를 진행하다가 막히는 부분의 소스코드를 참고할 수 있습니다.
❷ 샘플 assets 모음 폴더에 교재 진행에 필요한 이미지가 모여 있습니다.

❝ github에서 다운 받은 프로젝트를 실행하려면 아래의 블로그 주소를 참고해
주세요.
    https://blog.naver.com/getinthere/222339023005

◆ 스토어 앱 완성 화면

화면 구조보기

위에 앱을 플러터로 만들려고 하면 다음과 같이 할 수 있습니다.

첫째, 전체 구성의 흐름이 수직인지 수평인지를 확인합니다. 플러터에서 수직은 Column 위젯을 사용합니다. 수평은 Row 위젯을 사용합니다. 우리가 만들 앱의 레이아웃 구조는 Column입니다.

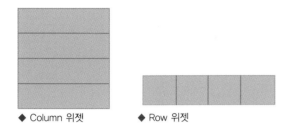

◆ Column 위젯   ◆ Row 위젯

둘째, 수직으로 내려가는 구조에서 각각의 위젯을 찾아야 합니다. 플러터에서 글자는 Text 위젯을 사용하고 그림은 Image 위젯을 사용합니다.

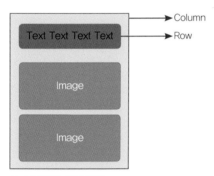

◆ 스토어 앱 화면 구조

MaterialApp vs CupertinoApp

플러터는 쿠퍼티노 디자인 혹은 메터리얼 디자인 둘 중 하나를 선택하여 그림을 그릴 수 있습니다. 두 개의 클래스 중 하나를 선택해야 하는데 MaterialApp은 Android 디자인이고 CupertinoApp은 iOS 디자인입니다. 버튼을 하나 만들어도 무엇을 선택했는지에 따라 디자인이 달라지게 됩니다.

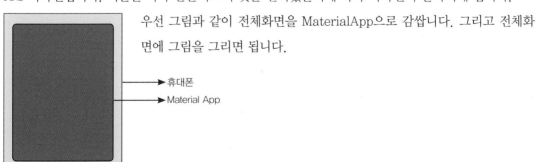

우선 그림과 같이 전체화면을 MaterialApp으로 감쌉니다. 그리고 전체화면에 그림을 그리면 됩니다.

◆ MaterialApp 안드로이드 디자인

Scaffold

◆ Scaffold 구조

대부분의 휴대폰의 최상단에는 AppBar가 있습니다. AppBar는 해당 화면에 대한 메뉴나 이동 버튼, 그리고 제목 같은 것들을 가지고 있습니다.

아래 그림을 보면 화면 중간 하얀 도화지 부분은 body 부분입니다. 이 도화지 부분에 여러분들이 그림을 그리면 됩니다. 오른쪽 밑에 [+] 버튼이 있는 부분을 FloatingActionButton이라고 하고 가장 아래에 BottomNavigationBar가 존재합니다. BottomNavigationBar를 통해 화면을 변경할 수 있습니다.

이러한 구성을 하기 위해서는 직접 그림을 그려도 되지만 이미 그려져 있는 컴포넌트(구성요소)를 재사용하는 것이 좋습니다.

왜 재사용하는 것이 좋을까요?

첫 번째는 내가 직접 만드는 것보다 있는 것을 재사용하는 것이 편합니다. 그렇다면 편하다고 이미 만들어진 컴포넌트를 재사용하는 것이 좋을까요? 내가 직접 만들면 훨씬 더 예쁜 디자인이 나올 수 있을 것 같다면요?

두 번째 이유가 있습니다. 사용자 경험(UX)입니다. 사용자들이 BottomNavigationBar에 이미 익숙해져 있습니다. 인스타그램이나 카카오톡과 같은 수많은 앱을 사용하면서 오랫 동안 경험한 디자인을 변경하게 되면 사용자의 UX(사용자 경험)가 망가지게 됩니다. 아무리 디자인이 예쁘고 화려하다 해도 사용하기 불편하면 의미가 없습니다.

사용자에게 좋은 경험을 줄 수 있도록 플러터에서 개발자에 제공해주는 클래스가 바로 Scaffold입니다. 그래서 MaterialApp 내부를 Scaffold로 감싸야 합니다. Scaffold로 감싸는 순간 휴대폰 화면에 구조가 만들어지고 쉽게 앱을 만들 수 있습니다.

> 💬 마이크로소프트에서 탐색기를 닫는 x 버튼을 어디에 두면 좋을지 연구를 했다고 합니다. 이때 Mac에서처럼 왼쪽 위에 두는 것이 좋다는 연구결과가 나왔다고 합니다. 하지만 마이크로소프트는 x 버튼의 위치를 옮기지 않았습니다. 그 이유는 이미 Windows를 사용하고 있는 많은 고객들의 사용자경험(UX)를 중요하게 생각했기 때문입니다.

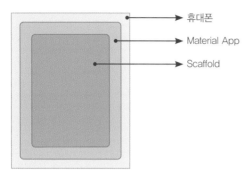

◆ MaterialApp 내부에 Scaffold

이제부터 그림은 Scaffold 안에 그립니다. Scaffold는 구조가 있는 도화지라고 생각하면 됩니다. 그리고 그 구조에 AppBar나 FloatingActionButton을 추가하거나 하는 것은 본인 자유입니다. 내 앱에 필요하면 추가하는 것이고 필요하지 않으면 추가하지 않아도 됩니다.

다만 MaterialApp 안에 Scaffold 구조를 가져야 한다는 것은 꼭 기억하길 바랍니다.

필요한 위젯 살펴보기

처음에 봤던 쇼핑몰 앱에 필요한 위젯을 자세히 살펴보겠습니다. 해당 그림에는 레이아웃에 관련된 Column과 Row 위젯은 가시성을 위해 제외하였습니다.

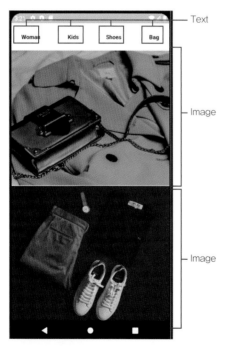

◆ 필요한 위젯 살펴보기

플러터 프로젝트 생성하기

1 안드로이드 스튜디오를 실행합니다.

2 새로운 프로젝트를 생성합니다.

◆ New Flutter Project 선택

3 Flutter App을 선택합니다.

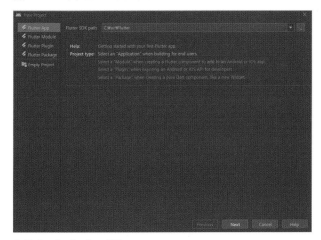

◆ Flutter Application 선택

4 새로운 플러터 애플리케이션 설정 후 Finish 버튼을 클릭합니다.

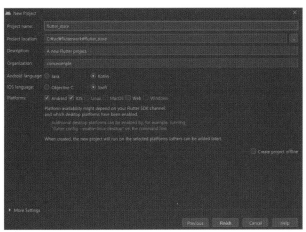

◆ Flutter 프로젝트 설정 화면

> 💬 안드로이드 스튜디오가 최신버전으로 업그레이드 되면서 플러터 프로젝트 생성화면이 변경되었습니다. 5장부터는 구버전의 안드로이드 스튜디오 프로젝트 생성 흐름이 이어지는 점 참고해주세요.

> Project_name은 flutter_store
> Project location은 c:₩src₩flutterwork₩flutter_store

04 _ 2 스토어 앱 뼈대 만들기

[작업 순서]

1 flutter_store/assets 폴더 생성

◆ assets 폴더 생성

2 flutter_store/assets에 이미지 추가

◆ 이미지 추가

첫째, https://github.com/flutter-coder/flutter-
ui-book1 경로로 이동합니다.
둘째, 샘플 assets 모음 폴더로 이동합니다.
셋째, 4장 폴더로 이동합니다.
넷째, 4장 폴더에 있는 bag.jpeg, cloth.jpeg 파일
을 다운 받습니다.
다섯째, flutter_store 프로젝트의 assets 폴더에
붙여넣기 합니다.

◆ 스토어 앱 만들기에 필요한 이미지

3️⃣ pubspec.yaml에서 이미지 파일 인식을 위해 자원 폴더 위치 설정

4️⃣ Pub get 버튼을 클릭하여 설정 적용

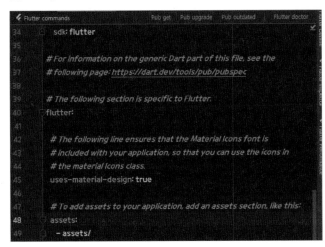

◆ yaml 파일에 assets 경로 설정 – 들여쓰기 주의

1️⃣ 공백 문자를 이용한 두 칸 띄어쓰기로 구조체를 구분한다.
   예 flutter:
       assets:
   flutter와 assets는 두 칸 띄어쓰기를 통해 구분한다.

2️⃣ : 뒤에 값이 들어올 때는 한 칸 띄어쓰기 후 작성한다.
3️⃣ 리스트 요소는 하이픈(–)으로 표시한다.

04 _ 3 스토어 앱 만들어보기

기본 코드 작성하기

내부에 있는 모든 코드를 지우고 다음과 같이 만듭니다.

```
lib/main.dart
```

```
lib/main.dart
import 'package:flutter/material.dart';

void main() {
  runApp(MyApp());
}
```

❝ flutter를 시작하기 위해서는 main함수에서 runApp() 함수를 호출해야 합니다. runApp 호출 시, 넘겨주는 위젯이 앱의 루트 위젯이 됩니다. 루트 위젯이란 플러터가 그림을 그릴 때 가장 먼저 그리는 위젯입니다. runApp 실행 시 내부적으로는 윈도우 생성, 스케줄러 초기화, 위젯 트리 생성, 렌더링 트리 생성이라는 복잡한 일들이 발생하지만 추상화 되어 있는 함수 내부의 동작 원리를 알 필요는 없습니다.

iOS 디자인을 사용할 것인지 android 디자인을 사용할 것인지 정해야 합니다. MaterialApp을 사용합니다.

```
lib/main.dart
```

```
import 'package:flutter/material.dart';

void main() {
  runApp(MyApp());
}

// stl 이라고 적으면 자동완성 기능이 활성화된다.
class MyApp extends StatelessWidget {
  @override
  Widget build(BuildContext context) {
    return MaterialApp(
      home: StorePage(),  // 1. 여기서 오류 있음. StorePage 클래스가 없음.
    );
  }
}
```

StorePage 클래스를 생성하고 내부에 Scaffold를 사용하여 앱을 구조화 시킵니다.

```dart
import 'package:flutter/material.dart';

void main() {
  runApp(MyApp());
}

// stl 이라고 적으면 자동완성 기능이 활성화된다.
class MyApp extends StatelessWidget {
  @override
  Widget build(BuildContext context) {
    return MaterialApp(
      home: StorePage(),
    );
  }
}

// stl 이라고 적으면 자동완성 기능이 활성화된다.
class StorePage extends StatelessWidget {
  @override
  Widget build(BuildContext context) {
    return Scaffold(

    );
  }
}
```

◆ StatelessWidget 자동 완성

Column 위젯

Column 위젯은 수직 방향 레이아웃 구조를 만들어 주고 child가 아닌 children 속성을 가집니다. 스토어 앱은 위에서부터 아래로 내려가는 구조이기 때문에 Column 위젯으로 레이아웃을 잡아줍니다.

child 속성을 가진 위젯은 하나의 위젯만 가질 수 있습니다.

`final Widget child;`

◆ child 속성

children 속성을 가진 위젯은 많은 위젯을 가질 수 있습니다.

```
List<Widget> children = const <Widget>[],
```

◆ children 속성

lib/main.dart

```
//...생략
class StorePage extends StatelessWidget {
  @override
  Widget build(BuildContext context) {
    return Scaffold(
      body: Column(
        children: [


        ],
      ), // end of Column
    );
  }
}
```

Row 위젯

Row 위젯은 수평 방향 레이아웃 구조를 만들어 주고 child가 아닌 children 속성을 가집니다. 아래
그림을 보면 Text 위젯이 수평 방향으로 표시됩니다.

| Woman | Kids | Shoes | Bag |

◆ Row 위젯은 수평으로 흐른다

lib/main.dart

```
//...생략
body: Column(
  children: [
    Row(
      children: [


      ],
    ), // end of Row
  ],
),
//...생략
```

Text 위젯

Text 위젯은 문자열을 담을 수 있는 위젯입니다. Text() 위젯을 Row 내부에 추가합니다.

◆ 4.3.4 완성 화면

```
//...생략
Row(
  children: [
    Text("Woman"),
    Text("Kids"),
    Text("Shoes"),
    Text("Bag"),
  ],
),
//...생략
```

SafeArea 위젯

SafeArea 위젯은 핸드폰 기기별로 조금씩 다른 StatusBar(상태바) 영역에 padding(여백)을 넣어주는 역할을 합니다.

◆ 4.3.5 완성 화면

스토어 앱의 Text 위젯이 상태바 영역에 위치해 있습니다. 이때는 Column 글자 위에 커서를 두고
Alt + Enter (매직키)를 입력합니다. 그리고 Wrap with widget...을 선택하여 새로운 위젯으로
감싸줍니다. 그리고 SafeArea 위젯으로 변경해줍니다.

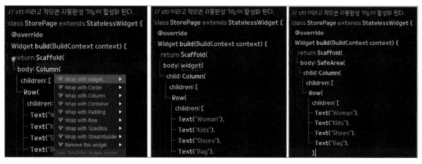

◆ 매직키를 사용하여 안드로이드 스튜디오 툴 활용하기

---

lib/main.dart

```
lib/main.dart
//...생략
class StorePage extends StatelessWidget {
  @override
  Widget build(BuildContext context) {
    return Scaffold(
      body: SafeArea(
        child: Column(
          children: [
//...생략
```

자동정렬 단축키

Ctrl + Alt + L

```
// 마지막 Text 위젯 끝에 콤마(,)를 추가했을 때 자동정렬 모습
Row(
  children: [
    Text("Woman"),
    Text("Kids"),
    Text("Shoes"),
    Text("Bag"),
  ],
),
```

```
// 마지막 Text 위젯 끝에 콤마(,)를 추가하지 않았을 때 자동정렬 모습
Row(
  children: [Text("Woman"), Text("Kids"), Text("Shoes"), Text("Bag")],
),
```

Text 위젯의 style 속성

Text() 위젯을 style 속성을 사용하여 디자인합니다.

◆ 4.3.6 완성 화면

Text 위젯에 Ctrl +마우스 왼쪽을 클릭하면 아래와 같은 코드를 볼 수 있습니다.

```
const Text(
  this.data, {
  Key key,
  this.style,
  this.strutStyle,
  this.textAlign,
  this.textDirection,
  this.locale,
  this.softWrap,
  this.overflow,
  this.textScaleFactor,
  this.maxLines,
  this.semanticsLabel,
  this.textWidthBasis,
  this.textHeightBehavior,
}) : assert(
```

◆ Text 위젯 속성

style, overflow, maxLines와 같은 것들을 속성(Property)이라고 부릅니다. 속성이란 어떤 대상을 구성하고 있는 요소라고 생각하면 됩니다.

예를 들어 커피라는 대상(오브젝트)이 있을 때 거기에 필요한 속성을 생각해보면 커피 이름, 아이스인지 핫인지, 큰 사이즈인지 중간 사이즈인지 작은 사이즈인지를 정의할 수 있습니다.

```
const 커피 {
  this.name,
  this.isCold,
  this.size,
}
```

Text 위젯이 가지고 있는 고유한 속성 중에서 style이라는 속성을 이용하여 다음과 같이 디자인 해보겠습니다.

```
//...생략
Row(
  children: [
    Text("Woman", style: TextStyle(fontWeight: FontWeight.bold)),
    Text("Kids", style: TextStyle(fontWeight: FontWeight.bold)),
    Text("Shoes", style: TextStyle(fontWeight: FontWeight.bold)),
    Text("Bag", style: TextStyle(fontWeight: FontWeight.bold)),
  ],
),
//...생략
```

Open Flutter Devtools

Text를 적절한 위치로 정렬해야 합니다. 이때는 Open Flutter Devtools 라는 도구를 사용하여 위젯이 어느 정도의 공간을 차지하고 있는지 확인하는 것이 좋습니다. 안드로이드 스튜디오 하단에 Console 탭에 번개 버튼(🗲) 2번째 옆에 있는 파랑 버튼(🔘)을 클릭합니다.

◆ Flutter Devtools 실행하기

실행을 하면 아래와 같은 화면이 웹브라우저에 열리게 됩니다.

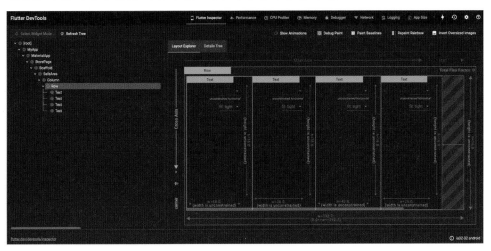

◆ Flutter Devtools 실행 화면

Row를 선택하고 Select Widget Mode를 선택합니다.

◆ Row 위젯 선택

Text를 선택해봅니다.

◆ Text 위젯 선택

Row 위젯은 넓이를 화면 끝까지 차지하고 있고, Text 위젯은 글자 크기만큼 넓이를 차지하고 있습니다. Text 위젯이 너무 붙어 있기 때문에 Row 위젯의 남은 공간을 활용해보도록 하겠습니다.

Spacer 위젯

Spacer 위젯은 위젯 사이의 간격을 조정하는 데 사용합니다.
Spacer() 라는 위젯을 이용해서 공간을 만들어보겠습니다.

◆ 완성 화면

lib/main.dart

```dart
//...생략
Row(
  children: [
    Text("Woman", style: TextStyle(fontWeight: FontWeight.bold)),
    Spacer(),
    Text("Kids", style: TextStyle(fontWeight: FontWeight.bold)),
    Spacer(),
    Text("Shoes", style: TextStyle(fontWeight: FontWeight.bold)),
    Spacer(),
    Text("Bag", style: TextStyle(fontWeight: FontWeight.bold)),
  ],
),
//...생략
```

Debug 배너 해제

Debug 배너를 해제해보겠습니다. MaterialApp 속성 중에
debugShowCheckedModeBanner를 이용하면 됩니다.

◆ 완성 화면

lib/main.dart

```dart
//...생략
class MyApp extends StatelessWidget {
  @override
  Widget build(BuildContext context) {
    return MaterialApp(
      debugShowCheckedModeBanner: false,
      home: StorePage(),
    );
  }
}
//...생략
```

Padding 위젯

패딩(여백)은 자식 위젯 주위에 빈 공간을 만들어 줍니다. 아래 그림의 회색 공간을 여백이라고 합니다.

◆ Padding 위젯

Row 위젯을 Padding 위젯의 자식으로 감싸서 다음과 같이 여백을 주겠습니다. 이때도 Alt+Enter 를 활용하여 Padding 위젯으로 감싸면 편합니다.

◆ 완성화면

lib/main.dart

```
//...생략
Padding(
  padding: const EdgeInsets.all(25.0),
  child: Row(
    children: [
      Text("Woman", style: TextStyle(fontWeight: FontWeight.bold)),
      Spacer(),
      Text("Kids", style: TextStyle(fontWeight: FontWeight.bold)),
      Spacer(),
      Text("Shoes", style: TextStyle(fontWeight: FontWeight.bold)),
      Spacer(),
      Text("Bag", style: TextStyle(fontWeight: FontWeight.bold)),
    ],
  ),
), // end of Padding
//...생략
```

❝ EdgeInserts.all (왼쪽, 오른쪽, 위, 아래 즉 전체 방향에 여백을 줄 때 사용)
EdgeInserts.only (4 방향 중 내가 원하는 곳만 여백을 줄 때 사용)
EdgeInserts.symmetric (수직이나 수평 중 선택하여 여백을 줄 때 사용)

Image 위젯

Image 위젯을 이용하면 사진을 배치할 수 있습니다.

◆ 완성 화면

Column 위젯 내부에 Padding이 끝나는 영역 뒤에 Image 위젯을 추가하면 됩니다. 초보자분들을 위해 전체 코드를 추가하였습니다.

```
lib/main.dart

import 'package:flutter/material.dart';

void main() {
  runApp(MyApp());
}

class MyApp extends StatelessWidget {
  @override
  Widget build(BuildContext context) {
    return MaterialApp(
      debugShowCheckedModeBanner: false,
      home: StorePage(),
    );
  }
}
```

```
// stl 이라고 적으면 자동완성 기능이 활성화 된다.
class StorePage extends StatelessWidget {
  @override
  Widget build(BuildContext context) {
    return Scaffold(
      body: SafeArea(
        child: Column(
          children: [
            Padding(
              padding: const EdgeInsets.all(25.0),
              child: Row(
                children: [
                  Text("Woman", style: TextStyle(fontWeight: FontWeight.bold)),
                  Spacer(),
                  Text("Kids", style: TextStyle(fontWeight: FontWeight.bold)),
                  Spacer(),
                  Text("Shoes", style: TextStyle(fontWeight: FontWeight.bold)),
                  Spacer(),
                  Text("Bag", style: TextStyle(fontWeight: FontWeight.bold)),
                ],
              ),
            ),
            Image.asset("assets/bag.jpeg", fit: BoxFit.cover),
            Image.asset("assets/cloth.jpeg", fit: BoxFit.cover),
          ],
        ),
      ),
    );
  }
}
```

❝ Image 위젯을 사용할 때는 fit 속성을 이용해야 합니다.

BoxFit.contain 원본사진의 가로 세로 비율 변화 없음.

BoxFit.fill 원본사진의 비율을 무시하고 지정한 영역에 사진을 맞춤.

BoxFit.cover 원본사진의 가로 세로 비율을 유지한 채로 지정한 영역에 사진을 맞춤. 장점은 사진의 비율을 유지할 수 있다는 점이고 단점은 사진이 지정한 크기를 벗어나면 잘릴 수 있음.

Expanded 위젯 - Column 방향

◆ 완성 화면

Expanded 위젯은 남은 위젯을 공간을 확장하여 공간을 채울 수 있도록 하는 위젯입니다. 아래 그림을 보면 Column 위젯은 수직으로 배치가 되기 때문에 남은 공간은 높이입니다.

◆ Expanded 위젯이 적용되지 않은 화면

사용하지 않는 하얀 부분을 이미지 위젯으로 반반씩 채우고 싶습니다.

첫 번째 이미지를 Expanded 위젯으로 감싸줍니다.

◆ 첫 번째 이미지에 Expanded 위젯 적용

```
//...생략
Expanded(child: Image.asset("assets/bag.jpeg", fit: BoxFit.cover)),
//...생략
```

두 번째 이미지를 Expanded 위젯으로 감싸줍니다.

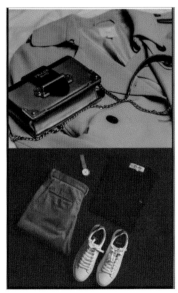

◆ 두 번째 이미지에 Expanded 위젯 적용

```
//...생략
Expanded(child: Image.asset("assets/cloth.jpeg", fit: BoxFit.cover)),
//...생략
```

❝ Expanded 위젯은 flex라는 속성을 가지고 있습니다. flex를 직역하면 탄력성 있는, 신축성 있는 이라는 뜻이 있습니다. 첫 번째 이미지에 flex:1, 두 번째 이미지에 flex:3 이라는 값을 주게 되면 첫 번째 이미지는 1/4의 높이를 가지게 되고 두 번째 이미지는 3/4의 높이를 가지게 됩니다. flex 속성을 주지 않으면 기본 값은 flex:1입니다.

SizedBox 위젯

플러터에서 width 혹은 height 크기를 가지는 빈 상자입니다.

◆ 완성 화면

이미지 사이에 빈 공간을 주기 위해 SizedBox를 사용하였습니다.

```
//...생략
Expanded(child: Image.asset("assets/bag.jpeg", fit: BoxFit.cover)),
SizedBox(height: 2),
Expanded(child: Image.asset("assets/cloth.jpeg", fit: BoxFit.cover)),
//...생략
```

전체코드

```dart
import 'package:flutter/material.dart';

void main() {
  runApp(MyApp());
}

class MyApp extends StatelessWidget {
  @override
  Widget build(BuildContext context) {
    return MaterialApp(
      debugShowCheckedModeBanner: false,
      home: StorePage(),
    );
  }
}

// stl 이라고 적으면 자동완성 기능이 활성화 된다.
class StorePage extends StatelessWidget {
  @override
  Widget build(BuildContext context) {
    return Scaffold(
      body: SafeArea(
        child: Column(
          children: [
            Padding(
              padding: const EdgeInsets.all(25.0),
              child: Row(
                children: [
                  Text("Woman", style: TextStyle(fontWeight: FontWeight.bold)),
                  Spacer(),
                  Text("Kids", style: TextStyle(fontWeight: FontWeight.bold)),
                  Spacer(),
                  Text("Shoes", style: TextStyle(fontWeight: FontWeight.bold)),
                  Spacer(),
                  Text("Bag", style: TextStyle(fontWeight: FontWeight.bold)),
                ],
              ),
            ),
            Expanded(child: Image.asset("assets/bag.jpeg", fit: BoxFit.cover)),
            SizedBox(height: 2),
            Expanded(child: Image.asset("assets/cloth.jpeg", fit: BoxFit.cover)),
          ],
        ),
      ),
    );
  }
}
```

Flutter project

CHAPTER 05

레시피 앱 만들기

이번 장에서는 AppBar, Container, Icon, ClipRRect, Container, AspectRatio, ListView 위젯과 Font 변경 방법에 대해서 배워보도록 하겠습니다.

05 _ 1 레시피 앱 구조보기

모든 소스 코드는 https://github.com/flutter-coder/flutter-ui-book1 에 공개되어 있습니다.

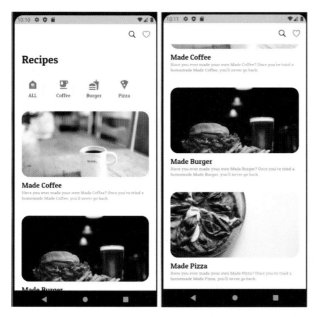

◆ 레시피 앱 완성 화면

화면 구조보기

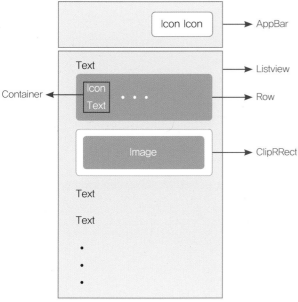

◆ 레시피 앱 화면 구조

필요한 위젯 살펴보기

레시피 앱에 필요한 위젯을 자세히 살펴보겠습니다. 해당 그림에는 레이아웃에 관련된 Column과 Row 위젯은 가시성을 위해 제외하였습니다.

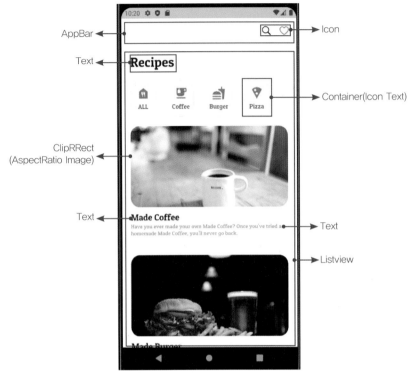

◆ 필요한 위젯 살펴보기

플러터 프로젝트 생성하기

프로젝트 이름을 flutter_recipe 으로 설정합니다.

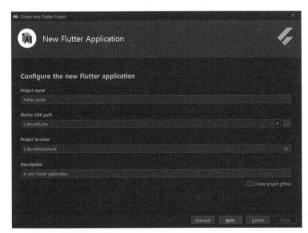

◆ Flutter 프로젝트 설정 화면

05 _ 2 레시피 앱 뼈대 구성하기

앱 뼈대 구성하기에서는 아래의 작업 순서에 따라 프로젝트에 필요한 폴더와 파일을 생성하고 기본 프로젝트 설정을 해보겠습니다.

작업 순서

❶ flutter_recipe/assets 폴더 생성

❷ flutter_recipe/assets/fonts 폴더 생성

❸ flutter_recipe/assets/images 폴더 생성

❹ flutter_recipe/assets/fonts 폴더에 폰트 추가

❺ flutter_recipe/assets/images 폴더에 이미지 추가

❻ lib/components 폴더 생성

❼ lib/components/recipe_title.dart 파일 추가

❽ lib/components/recipe_menu.dart 파일 추가

❾ lib/components/recipe_list_item.dart 파일 추가

❿ lib/pages 폴더 생성

⓫ lib/pages/recipe_page.dart 파일 추가

◆ 프로젝트 구조

⓬ pubspec.yaml에서 이미지 파일과 폰트 파일 인식을 위한 자원 폴더 위치 설정

⓭ Pub get 버튼을 클릭하여 적용

◆ 폰트 설정

yaml 언어에서 #은 주석입니다. yaml 파일 이미지 캡처를 위해 모든 주석을 제거하였습니다.

pubspec.yaml 파일은 프로젝트 설정 파일입니다. 해당 파일에는 들여쓰기 규칙이 있습니다. 규칙을 어기면 [Pub get] 버튼을 클릭할 때 오류가 나서 적용이 되지 않습니다. 들여쓰기를 한 칸만 잘못해도 아래와 같은 오류가 납니다. assets: 와 첫 번째 fonts: 의 라인을 맞춰야 합니다.

yaml 파일에 대해서 궁금한 사항은 https://ko.wikipedia.org/wiki/YAML 위키 백과를 참고하세요.

```
18    flutter:
19
20      uses-material-design: true
21      assets:
22        - assets/images/
23      fonts:
24        - family: PatuaOne
25          fonts:
26            - asset: assets/fonts/PatuaOne-Regular.ttf
27

        Document 1/1    dev_dependencies:
Messages:   [flutter_recipe] Flutter
                                                                   no-color pub get
Error detected in pubspec.yaml:
Error on line 23, column 5: Expected a key while parsing a block mapping.

23 |    fonts:
   |    ^
Please correct the pubspec.yaml file at C:\flutterwork\src\flutter_recipe\flutter_recipe\pubspec.yaml
Process finished with exit code 1
```

◆ yaml 파일의 엄격한 규칙

yaml 파일 설정이 어렵다면 https://github.com/flutter-coder/flutter-ui-book1 에서 05장 프로젝트 flutter_recipe 소스 코드를 참고하세요.

05 _ 3 레시피 앱 만들어보기

기본 코드 작성하기

◆ 완성 화면

미리 만들어 둔 뼈대 파일을 서로 오류 없이 연결하기 위해 기본 코드를 작성하여 앱을 실행시켜보
겠습니다.

작업 순서

❶ lib/components/recipe_title.dart 기본 코딩하기

❷ lib/components/recipe_menu.dart 기본 코딩하기

❸ lib/components/recipe_list_item.dart 기본 코딩하기

❹ lib/pages/recipe_page.dart 기본 코딩하기

❺ lib/main.dart 기본 코딩하기

❝ pages폴더를 생성한 이유는 앱에는 여러 개의 page(화면)가 있을 수 있고 그 page를 모아두는 폴더가 있으면 앱을 구조화하
기 좋습니다.
폴더 이름을 pages로 하기도 하고, screens로 하기도 합니다. 개발자의 성향이나 회사마다 폴더의 이름은 다를 수 있습니다.

(1) 레시피 앱 타이틀 기본 코딩하기

```
lib/components/recipe_title.dart

import 'package:flutter/material.dart';

// stl 이라고 적으면 자동완성 됨
class RecipeTitle extends StatelessWidget {
  @override
  Widget build(BuildContext context) {
    return Container();
  }
}
```

❝ Container 위젯은 HTML의 DIV 태그와 유사합니다. 빈 박스를 만들고 그 내부를 디자인하거나 다른 위젯을 담을 때 사용합니다. Container 위젯은 이 장의 recipe_menu.dart 파일을 만들 때 배우게 됩니다.

(2) 레시피 앱 메뉴 모음 기본 코딩하기

```
lib/components/recipe_menu.dart

import 'package:flutter/material.dart';

class RecipeMenu extends StatelessWidget {
  @override
  Widget build(BuildContext context) {
    return Container();
  }
}
```

(3) 레시피 앱 리스트 아이템 기본 코딩하기

```
lib/components/recipe_list_item.dart

import 'package:flutter/material.dart';

class RecipeListItem extends StatelessWidget {
  final String imageName;
  final String title;

  const RecipeListItem(this.imageName, this.title);

  @override
  Widget build(BuildContext context) {
    return Container();
  }
}
```

(4) 레시피 앱 페이지 기본 코딩하기

```dart
import 'package:flutter/material.dart';
import 'package:flutter_recipe/components/recipe_list_item.dart';
import 'package:flutter_recipe/components/recipe_menu.dart';
import 'package:flutter_recipe/components/recipe_title.dart';

class RecipePage extends StatelessWidget {
  @override
  Widget build(BuildContext context) {
    return Scaffold(
      backgroundColor: Colors.white, // 1. 배경색 white로 설정
      appBar: _buildRecipeAppBar(), // 2. 비어 있는 AppBar 연결해두기
      body: Padding(
        padding: const EdgeInsets.symmetric(horizontal: 20), // 3. 수평으로 여백 주기
        child: Column( // 4. 위에서 아래로 내려가는 구조이기 때문에 Column 위젯 사용
          crossAxisAlignment: CrossAxisAlignment.start, // 5. 왼쪽 정렬
          children: [
            RecipeTitle(),
            RecipeMenu(),
            RecipeListItem("coffee", "Made Coffee"),
            RecipeListItem("burger", "Made Burger"),
            RecipeListItem("pizza", "Made Pizza"),
          ],
        ),
      ),
    );
  }

  AppBar _buildRecipeAppBar() {
    return AppBar();
  }
}
```

(5) 레피시 앱 main.dart 파일 기본 코딩하기

```dart
import 'package:flutter/material.dart';
import 'package:flutter_recipe/pages/recipe_page.dart';

void main() {
  runApp(MyApp());
}
```

```
class MyApp extends StatelessWidget {
  @override
  Widget build(BuildContext context) {
    return MaterialApp(
      debugShowCheckedModeBanner: false,
      home: RecipePage(),
    );
  }
```

AppBar 위젯의 action 속성에 Icon 위젯 추가하기

◆ 완성 화면

(1) AppBar

AppBar는 현재 화면의 title, leading, action 영역을 포함하고 있는 막대 모양의 위젯입니다. action 속성을 이용하면 AppBar 오른쪽 상당 부분에 위젯을 추가할 수 있습니다.

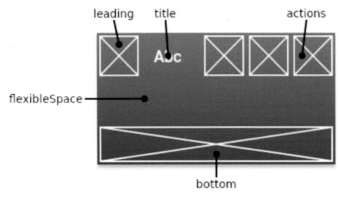

◆ AppBar 위젯 구조

(2) Icon 위젯

Icon 위젯은 Icon을 표시해주는 위젯입니다. MaterialIcon 혹은 CupertinoIcon 중 원하는 Icon을
사용할 수 있습니다. 플러터가 제공하는 기본 Icon이 아닌 다른 Icon을 사용하길 원한다면 https://
pub.dev에서 원하는 Icon 라이브러리를 활용할 수 있습니다.

lib/pages/recipe_page.dart

```dart
import 'package:flutter/cupertino.dart';
//...생략

  AppBar _buildRecipeAppBar() {
    return AppBar(
      backgroundColor: Colors.white, // AppBar 배경색
      elevation: 1.0, // AppBar의 그림자 효과 조정
      actions: [
        Icon(
          CupertinoIcons.search, // 쿠퍼티노 아이콘 사용
          color: Colors.black,
        ),
        SizedBox(width: 15),
        Icon(
          CupertinoIcons.heart,
          color: Colors.redAccent,
        ),
        SizedBox(width: 15),
      ],
    ); // end of AppBar
  }
}
```

RecipeTitle 커스텀 위젯 만들기

◆ 완성 화면

lib/components/recipe_title.dart

```dart
import 'package:flutter/material.dart';

class RecipeTitle extends StatelessWidget {
  @override
  Widget build(BuildContext context) {
    return Padding(
      padding: const EdgeInsets.only(top: 20),
      child: Text(
        "Recipes",
        style: TextStyle(fontSize: 30),
      ),
    ); // end of Padding
  }
}
```

Theme에 Font 적용하기

◆ 완성 화면

테마는 전체적으로 앱의 모양과 느낌을 가지고 있습니다. 테마에 Font를 적용하여 앱의 전반적인 글자체를 변경해보겠습니다.

lib/main.dart

```dart
//...생략
class MyApp extends StatelessWidget {
  @override
  Widget build(BuildContext context) {
    return MaterialApp(
      debugShowCheckedModeBanner: false,
      theme: ThemeData(fontFamily: "PatuaOne"),
      home: RecipePage(),
    );
  }
}
```

❝ 폰트가 적용되지 않는다면 앱을 종료시키고 다시 실행시켜주세요.

Container 위젯을 활용한 RecipeMenu 커스텀 위젯 만들기

(1) Container 위젯 정의

Container 위젯은 빈 박스 위젯입니다. SizedBox 위젯과 차이점이 있다면 Container는 내부에 decoration 속성이 있어서 박스에 색상을 입히거나 박스의 모양을 바꾼다거나 테두리 선을 줄 수 있습니다. SizedBox 위젯은 보통 마진(Margin)을 줘야할 때 사용합니다.

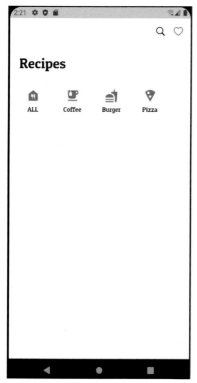

◆ 완성 화면

Container 위젯 내부에 Icon 위젯과 Text 위젯이 있습니다. 구조는 다음과 같이 됩니다.

```
Container
  - Column
      - Icon
      - Text
```

(2) Container 위젯 특징 (중요)

첫째, 자식이 없는 Container는 가능한 한 박스를 크게 만들려고 합니다.

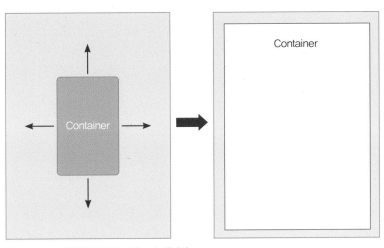

◆ Container 위젯의 독특한 성질 – 늘어난다

둘째, 자식이 있는 Container는 자식의 크기에 맞게 조정 됩니다.

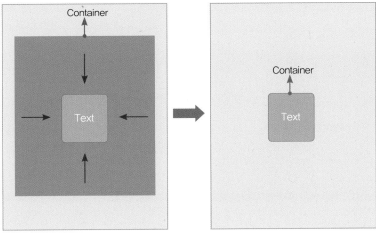

◆ Container 위젯의 독특한 성질 – 줄어든다

```dart
import 'package:flutter/material.dart';

class RecipeMenu extends StatelessWidget {
  @override
  Widget build(BuildContext context) {
    return Padding(
      padding: const EdgeInsets.only(top: 20),
      child: Row( // 1. 메뉴 아이템들의 방향이 수평 방향이기 때문!
        children: [
          _buildMenuItem(Icons.food_bank, "ALL"), // 2. 재사용
          SizedBox(width: 25),
          _buildMenuItem(Icons.emoji_food_beverage, "Coffee"), // 3. 재사용
          SizedBox(width: 25),
          _buildMenuItem(Icons.fastfood, "Burger"), // 4. 재사용
          SizedBox(width: 25),
          _buildMenuItem(Icons.local_pizza, "Pizza"), // 5. 재사용
        ],
      ),
    ); // end of Padding
  }

  // 6. 재사용할 수 있는 함수로 만든다.
  // 7. Widget은 모든 위젯의 부모이기 때문에 함수 리턴 타입은 Widget으로 하는 것이 좋다.
  Widget _buildMenuItem(IconData mIcon, String text) {
    return Container(
      width: 60,
      height: 80,
      decoration: BoxDecoration(
        borderRadius: BorderRadius.circular(30),
        border: Border.all(color: Colors.black12),
      ),
      child: Column(
        mainAxisAlignment: MainAxisAlignment.center,
        children: [
          Icon(mIcon, color: Colors.redAccent, size: 30),
          SizedBox(height: 5),
          Text(
            text,
            style: TextStyle(color: Colors.black87),
          ),
        ],
      ),
    );
  } // end of _buildMenuItem
}
```

재사용 가능한 레시피 리스트 아이템 만들기 – 클래스 생성자 활용

◆ 완성 화면

RecipeListItem 객체를 만들 때 생성자에서 imageName, title 값을 초기화할 수 있습니다. 이를 통해 같은 디자인이지만 데이터는 다르게 화면을 구현할 수 있습니다. 위 화면에는 하나의 문제가 있습니다. RecipeListItem 3개를 화면에 출력하려고 하니 핸드폰 화면을 넘어가는 overflow 문제가 발생하게 됩니다. 다음 절에서 ListView 위젯을 통해 해결하도록 하겠습니다.

```
lib/components/recipe_list_item.dart

import 'package:flutter/material.dart';

class RecipeListItem extends StatelessWidget {
  final String imageName;
  final String title;

  const RecipeListItem(this.imageName, this.title);

  @override
  Widget build(BuildContext context) {
    return Padding(
      padding: const EdgeInsets.symmetric(vertical: 20),
      child: Column(
        crossAxisAlignment: CrossAxisAlignment.start,
```

```
        children: [
          Image.asset(
            "assets/images/$imageName.jpeg",
            fit: BoxFit.cover,
          ),
          SizedBox(height: 10),
          Text(
            title,
            style: TextStyle(fontSize: 20),
          ),
          Text(
            "Have you ever made your own $title? Once you've tried a homemade $title, you'll never
go back.",
            style: TextStyle(color: Colors.grey, fontSize: 12),
          ),
        ],
      ),
    ); // end of Padding
  }
}
```

" 문자열 안에 $를 사용하면 변수를 사용할 수 있습니다.

ListView 위젯을 활용하여 세로 스크롤 달기

◆ 완성 화면

ListView는 가장 일반적으로 사용되는 스크롤 위젯입니다. 스크롤 방향으로 자식을 차례로 표시합니다. ListView를 사용하여 가로축으로 스크롤을 할 수 있고, 세로축으로 스크롤할 수 있습니다. Column을 ListView로 변경하고 crossAxisAlignment 속성을 제거합니다. ListView의 자식들의 기본 정렬은 왼쪽 정렬입니다.

```dart
class RecipePage extends StatelessWidget {
  @override
  Widget build(BuildContext context) {
    return Scaffold(
      backgroundColor: Colors.white,
      appBar: _buildRecipeAppBar(),
      body: Padding(
        padding: const EdgeInsets.symmetric(horizontal: 20),
        child: Column(
          crossAxisAlignment: CrossAxisAlignment.start,
          children: [
            RecipeTitle(),
            RecipeMenu(),
            RecipeListItem("coffee", "Made Coffee"),
            RecipeListItem("burger", "Made Burger"),
            RecipeListItem("pizza", "Made Pizza"),
```

```dart
class RecipePage extends StatelessWidget {
  @override
  Widget build(BuildContext context) {
    return Scaffold(
      backgroundColor: Colors.white,
      appBar: _buildRecipeAppBar(),
      body: Padding(
        padding: const EdgeInsets.symmetric(horizontal: 20),
        child: ListView(
          children: [
            RecipeTitle(),
            RecipeMenu(),
            RecipeListItem("coffee", "Made Coffee"),
            RecipeListItem("burger", "Made Burger"),
            RecipeListItem("pizza", "Made Pizza"),
```

◆ Column 위젯을 ListView로 변경하는 법

lib/pages/recipe_page.dart

```dart
//...생략
class RecipePage extends StatelessWidget {
  @override
  Widget build(BuildContext context) {
    return Scaffold(
      backgroundColor: Colors.white,
      appBar: _buildRecipeAppBar(),
      body: Padding(
        padding: const EdgeInsets.symmetric(horizontal: 20),
        child: ListView(
          children: [
            RecipeTitle(),
            RecipeMenu(),
            RecipeListItem("coffee", "Made Coffee"),
            RecipeListItem("burger", "Made Burger"),
            RecipeListItem("pizza", "Made Pizza"),
          ],
        ), // end of ListView
      ),
    );
  }
//...생략
```

AspectRatio로 이미지 비율 정하기

◆ 완성 화면

특정 종횡비로 자식 크기를 조정하는 위젯입니다. 이미지를 화면에 표시할 때는 비율로 표시하는 것이 좋습니다.

AspectRatio 위젯은 먼저 레이아웃 제약에서 허용하는 가장 큰 너비를 시도합니다. 위젯의 높이는 지정된 가로 세로 비율을 너비에 적용하여 결정되며 너비와 높이의 비율로 표현됩니다.

예를 들어 넓이가 300이고 높이가 600인 화면이 있을 때 이미지에 AspectRatio 위젯을 적용하여 비율을 2/1로 주게 되면 넓이 300의 비율이 2가 되기 때문에 높이는 300의 절반인 150이 됩니다.

 Quiz

Q 화면 넓이 450, 높이 1000에서 비율을 3/2를 주게 되면 이미지의 크기는 몇일까요?
A 이미지 넓이 450, 이미지 높이 300

lib/components/recipe_list_item.dart

```
//...생략
AspectRatio(
  aspectRatio: 2 / 1,
  child: Image.asset(
    "assets/images/$imageName.jpeg",
    fit: BoxFit.cover,
  ),
), // end of AspectRatio
//...생략
```

ClipRRect 위젯으로 이미지 모서리에 곡선 주기

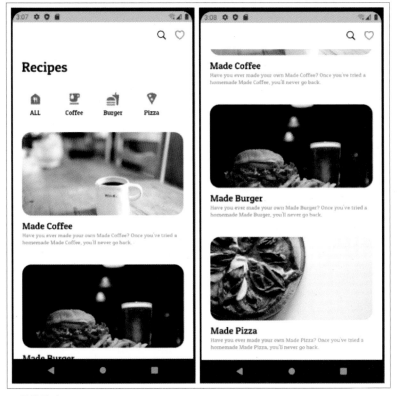

◆ 완성 화면

둥근 사각형을 사용하여 자식을 자르는 위젯입니다. Clip은 자르다는 의미이고, R은 Round의 의미이고 Rect는 사각형의 의미입니다. 사각형을 둥글게 잘라주는 위젯이 ClipRRect 위젯입니다.

위젯에 shape나 decoration 속성이 없다면 ClipRRect을 이용하여 모서리에 곡선을 줄 수 있습니다.

Container 위젯 같은 경우는 decoration 속성이 있기 때문에 ClipRRect 위젯을 사용할 필요가 없습니다.

lib/components/recipe_list_item.dart

```dart
//...생략
AspectRatio(
  aspectRatio: 2 / 1,
  child: ClipRRect(
    borderRadius: BorderRadius.circular(20),
    child: Image.asset(
      "assets/images/$imageName.jpeg",
      fit: BoxFit.cover,
    ),
  ), // end of ClipRRect
),
//...생략
```

Flutter project

CHAPTER 06

프로필 앱 만들기

이번 장에서는 ThemeData 클래스와 TabBar, TabBarView, AppBar, InkWell, GridView, Drawer, Align 위젯과 Image위젯으로 network 이미지를 다운 받아서 화면에 표시하는 방법에 대해서 배워보도록 하겠습니다.

06 _ 1 프로필 앱 구조보기

모든 소스 코드는 다음 깃허브의 링크 주소에 공개되어 있습니다.

• https://github.com/flutter-coder/flutter-ui-book1

◆ 프로필 앱 완성 화면

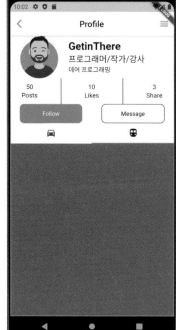

◆ 프로필 앱 완성 화면

◆ 프로필 앱 완성 화면

화면 구조보기

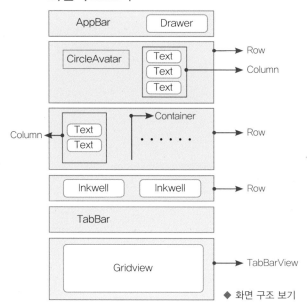

◆ 화면 구조 보기

필요한 위젯 살펴보기

이제 처음에 봤던 프로필 앱에 필요한 위젯을 자세히 살펴보겠습니다. 해당 그림에는 레이아웃에 관련된 Column과 Row 위젯은 가시성을 위해 제외하였습니다.

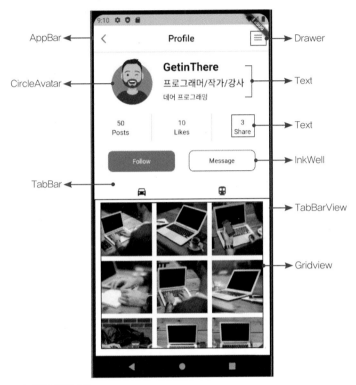

◆ 위젯 살펴보기

플러터 프로젝트 생성하기

프로젝트 이름을 flutter_profile로 설정합니다.

◆ Flutter 프로젝트 설정 화면

플러터 2.0 업그레이드

터미널을 열고 flutter 버전을 확인합니다.

```
flutter —version
```

Flutter 버전이 2.0.0 이상이고, Dart 버전이 2.12.0 이상이면 업그레이드를 진행할 필요가 없습니다. 플러터를 2.0으로 업그레이드 하는 이유는 9장에서 Flutter web을 체험해볼 예정이며, Flutter2.0 으로 업그레이드 하게 되면 Dart 2.12 버전을 사용할 수 있습니다. Dart 2.12 버전에서는 Null Safety가 적용되어 Null에 대한 안정성이 제공됩니다. Null이 허용되지 않기 때문에 Runtime(앱 실행시)에 발생할 수 있는 오류를 컴파일시에 미리 대처할 수 있습니다.

안드로이드 스튜디오에서 Terminal(터미널)창을 열고 다음과 같이 입력합니다.

```
Terminal   Local     +
Microsoft Windows [Version 10.0.18363.1440]
(c) 2019 Microsoft Corporation. All rights reserved.

C:₩flutterwork₩src₩flutter_profile₩flutter_profile>flutter upgrade --force

 ☰ ⑥ Logcat   ▤ Database Inspector   ⟨⟩ Profiler   ☰ TODO   ☒ Terminal   ❀ Dart Analysis
• daemon started successfully (7 minutes ago)
```

◆ 터미널 화면에서 Flutter 강제로 업그레이드 하는 법

```
flutter upgrade —force
```

Dart 2.12 버전 적용하기

pubspec.yaml 파일을 열고 dart 버전을 2.12 이상으로 잡고 [Pub get] 버튼을 클릭하여 적용합니다. flutter 버전이 2.0.0 이상이어도 이 부분은 꼭 설정해주셔야 합니다. 그리고 7장 이상부터는 dart 2.12.0 버전에 맞춰서 책을 집필하였기 때문에 버전을 꼭 확인해주세요.

```
environment:
  sdk: ">=2.12.0 <3.0.0"

dependencies:
  flutter:
    sdk: flutter
```

◆ Dart 버전 2.12.0

06 _ 2 프로필 앱 뼈대 작성하기

프로필 앱을 만들기 위해 기본적인 파일과 패키지를 생성해봅시다.

프로젝트 구조 세팅하기

작업 순서

❶ 프로젝트 최상단에 assets 폴더 생성

❷ lib/components 패키지 생성

❸ lib/theme.dart 파일 생성

❹ lib/components/profile_drawer.dart 파일 생성

❺ lib/components/profile_header.dart 파일 생성

❻ lib/components/profile_count_info.dart 파일 생성

❼ lib/components/profile_buttons.dart 파일 생성

❽ lib/components/profile_tab.dart 파일 생성

◆ 프로젝트 구조

❾ pubspec.yaml에 assets 폴더 설정 후 우측 상단 [Pub get] 버튼 클릭

◆ assets 설정

❿ assets폴더에 이미지 추가하기

◆ 이미지 추가

기본 코드 작성하기

작업 순서

❶ lib/theme.dart 코드 작성

❷ lib/components/profile_drawer.dart 코드 작성

❸ lib/components/profile_header.dart 코드 작성

❹ lib/components/profile_count_info.dart 코드 작성

❺ lib/components/profile_buttons.dart 코드 작성

❻ lib/components/profile_tab.dart 코드 작성

❼ lib/main.dart 코드 작성

❶ lib/theme.dart 코드를 작성해 봅니다.

```
lib/theme.dart
```

```dart
import 'package:flutter/material.dart';

ThemeData theme() {
  return ThemeData(
    primaryColor: Colors.white,
    appBarTheme: AppBarTheme(
      iconTheme: IconThemeData(color: Colors.blue),
    ),
  );
}
```

TIP

❶ PrimaryColor

PrimaryColor는 브랜드의 아이덴티티를 나타내는 색입니다. 앱에 PrimaryColor는 blue 색상이 기본으로 잡혀 있습니다. 해당 색상을 white로 변경해주었습니다.

❷ AccentColor

AccentColor는 앱의 상호작용 요소에 사용하는 색입니다. 버튼이나 링크, 토글 그리고 스위치, 진행률 표시기 같은 것들의 색상은 AccentColor로 나타냅니다. AccentColor를 다른 말로 하면 SecondaryColor라고 부르기도 합니다.

❷ lib/components/profile_drawer.dart 코드를 작성해 봅니다.

ProfileDrawer 위젯에서는 넓이가 200인 파란색 Container를 간단히 만들어보겠습니다.

```dart
import 'package:flutter/material.dart';

class ProfileDrawer extends StatelessWidget {
  @override
  Widget build(BuildContext context) {
    return Container(
      width: 200,
      height: double.infinity,
      color: Colors.blue,
    );
  }
}
```

◆ endDrawer 만들기

❝ double.infinity는 해당 위젯이 차지할 수 있는 최대 범위로 확장할 때 사용합니다.

❸ lib/components/profile_header.dart 코드를 작성해 봅니다.

```
lib/components/profile_header.dart
```

```dart
import 'package:flutter/material.dart';

class ProfileHeader extends StatelessWidget {
  @override
  Widget build(BuildContext context) {
    return Row(
      children: [
        SizedBox(width: 20),
        _buildHeaderAvatar(),
        SizedBox(width: 20),
        _buildHeaderProfile(),
      ],
    );
  }

  Widget _buildHeaderAvatar() {
    return SizedBox();
```

```
  }

  Widget _buildHeaderProfile() {
    return SizedBox();
  }
}
```

❹ lib/components/profile_count_info.dart 코드를 작성해 봅니다.

```
import 'package:flutter/material.dart';

class ProfileCountInfo extends StatelessWidget {
  @override
  Widget build(BuildContext context) {
    return Row(
      mainAxisAlignment: MainAxisAlignment.spaceAround,
      children: [
        _buildInfo("50", "Posts"),
        _buildLine(),
        _buildInfo("10", "Likes"),
        _buildLine(),
        _buildInfo("3", "Share"),
      ],
    );
  }

  Widget _buildInfo(String count, String title) {
    return SizedBox();
  }

  Widget _buildLine() {
    return SizedBox();
  }
}
```

❺ lib/components/profile_buttons.dart 코드를 작성해 봅니다.

```
import 'package:flutter/material.dart';

class ProfileButtons extends StatelessWidget {
  @override
  Widget build(BuildContext context) {
```

```
    return Row(
      mainAxisAlignment: MainAxisAlignment.spaceAround,
      children: [
        _buildFollowButton(),
        _buildMessageButton(),
      ],
    );
  }

  Widget _buildFollowButton() {
    return SizedBox();
  }

  Widget _buildMessageButton() {
    return SizedBox();
  }
}
```

❻ lib/components/profile_tab.dart 코드를 작성해 봅니다.

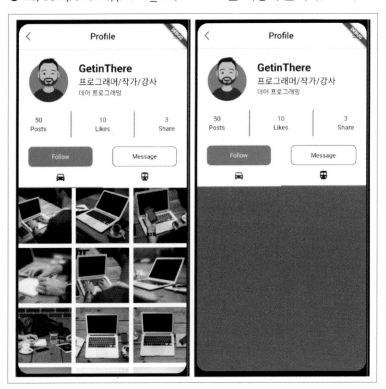

◆ TabBar가 작동하면 화면이 다시 그려진다

앱이 실행되고 난 뒤 사용자의 요청에 의해 그림을 다시 그리기 위해서는 StatefulWidget을 사용해야 합니다. TabBar를 클릭하면 화면이 동적으로 변경되기 때문에 StatefulWidget을 사용해보도록 하겠습니다. StatefulWidget에 대한 자세한 설명은 8장에서 설명합니다.

lib/components/profile_tab.dart

```dart
import 'package:flutter/material.dart';

// stf 라고 입력하면 자동완성 됨.
class ProfileTab extends StatefulWidget {
  @override
  _ProfileTabState createState() => _ProfileTabState();
}

class _ProfileTabState extends State<ProfileTab> {

  @override
  Widget build(BuildContext context) {
    return Column(
      children: [
        _buildTabBar(),
        _buildTabBarView(),
      ],
    );
  }

  Widget _buildTabBar() {
    return SizedBox();
  }

  Widget _buildTabBarView() {
    return SizedBox();
  }
}
```

❼ lib/main.dart 코드를 작성해 봅니다.

실행을 하면 빈 화면이 나타납니다.

◆ 기본 코드가 완성된 화면

```
lib/main.dart
import 'package:flutter/material.dart';
import 'package:flutter_profile/components/profile_buttons.dart';
import 'package:flutter_profile/components/profile_count_info.dart';
import 'package:flutter_profile/components/profile_header.dart';
import 'package:flutter_profile/components/profile_tab.dart';
import 'package:flutter_profile/theme.dart';

void main() {
  runApp(MyApp());
}

class MyApp extends StatelessWidget {
  @override
  Widget build(BuildContext context) {
    return MaterialApp(
      theme: theme(),
      home: ProfilePage(),
    );
  }
}
```

```
class ProfilePage extends StatelessWidget {
  @override
  Widget build(BuildContext context) {
    return Scaffold(
      body: Column(
        children: [
          SizedBox(height: 20),
          ProfileHeader(),
          SizedBox(height: 20),
          ProfileCountInfo(),
          SizedBox(height: 20),
          ProfileButtons(),
          // 남아 있는 세로 공간을 모두 차지하기 위해 Expanded를 준다.
          Expanded(child: ProfileTab()),
        ],
      ),
    );
  }

  AppBar _buildProfileAppBar() {
    return AppBar();
  }
}
```

06 _ 3 프로필 앱 위젯 구성하기

작업 순서

❶ AppBar 위젯과 Scaffold의 endDrawer 속성 활용하기

❷ CircleAvatar 위젯

❸ Column 위젯의 crossAxisAlignment 속성 활용하기

❹ 재사용 가능한 함수 만들기

❺ InkWell 위젯을 사용하여 ProfileButtons 클래스 만들기

❻ TabBar 위젯과 TabBarView 위젯 사용하기

❼ GridView 위젯과 Image.network

AppBar 위젯과 Scaffold의 endDrawer 속성 활용하기

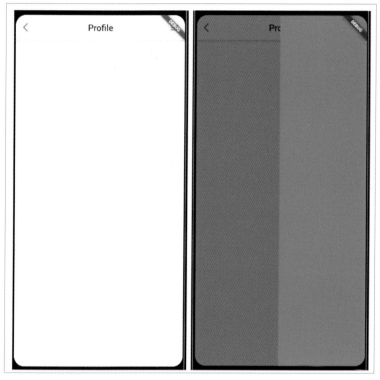

◆ 완성 화면

❶ AppBar 위젯

AppBar는 현재 화면의 title, leading, action 영역을 포함하고 있는 막대 모양의 위젯입니다. leading 속성을 활용하면 AppBar의 왼쪽 상단 부분에 위젯을 추가할 수 있습니다.

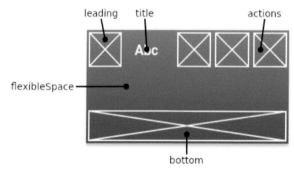

◆ AppBar 위젯 구조

❷ Scaffold의 endDrawer 속성

앱에서 탐색 링크(Navigation)를 표시하기 위해 Scaffold의 가장자리(왼쪽, 오른쪽)에서 수평으로 슬라이드 하는 위젯입니다

```
//...생략
class ProfilePage extends StatelessWidget {
  @override
  Widget build(BuildContext context) {
    return Scaffold(
      endDrawer: ProfileDrawer(),
      appBar: _buildProfileAppBar(),
      body: Column(
      //...생략

AppBar _buildProfileAppBar() {
  return AppBar(
    leading: Icon(Icons.arrow_back_ios),
    title: Text("Profile"),
    centerTitle: true,
  );
}
//...생략
```

❝ Scaffold 속성에서 왼쪽에서 오른쪽으로 슬라이드 하는 Drawer를 만들기 위해서는 drawer 속성을 사용하고 오른쪽에서 왼쪽으로 슬라이드 하는 Drawer를 만들기 위해서는 endDrawer 속성을 사용합니다. 우리는 endDrawer 속성을 사용합니다.

CircleAvatar 위젯

CircleAvatar 위젯은 이미지를 둥글게 만들어주는 위젯입니다.

◆ 완성 화면

_buildHeaderAvatar() 함수를 코딩할 때 CircleAvatar를 먼저 만든 다음 CircleAvatar 위젯에 커서를 두고 Alt+Enter 키를 입력하여 SizedBox 위젯으로 감싸면 툴에 도움을 받아서 편하게 코딩할 수 있습니다.

◆ 매직키를 이용하여 SizedBox로 감싸기

lib/components/profile_header.dart

```
//...생략
Widget _buildHeaderAvatar() {
  return SizedBox(
    width: 100,
    height: 100,
    child: CircleAvatar(
      backgroundImage: AssetImage("assets/avatar.png"),
    ),
  ); // end of SizedBox
}
//...생략
```

❝ width, height 속성이 없는 위젯의 크기를 설정하려면 SizedBox 위젯으로 감싸서 크기를 지정할 수 있습니다.

TIP 위젯을 둥글게 만드는 법

첫째, Container 위젯을 사용하여 decoration 속성을 사용해서 Container를 동그랗게 만들고 그 안에 Image 위젯을 child로 추가하는 방법입니다.
둘째, Image 위젯을 만들고 ClipOver 위젯으로 감싸서 이미지를 동그랗게 만드는 방법입니다.
셋째, CircleAvatar 위젯을 사용하여 이미지를 동그랗게 만드는 방법입니다.

세 가지 방법 중 무엇을 사용하든 내가 원하는 결과를 만들 수 있습니다. 하지만 가장 간단한 방법은 CircleAvatar 위젯을 사용하는 것입니다.

Column 위젯의 CrossAxisAligment 속성 활용하기

◆ 완성 화면

Column위젯은 여러 자식 위젯들을 가질 수 있습니다. Column위젯의 특징은 가장 width가 넓은 자식의 크기에 따라 넓이가 결정되며 기본 가로 방향 정렬은 center입니다.

꼭 알아야 할 속성이 있는데 Column의 자식들은 세로로 배치가 되기 때문에 mainAxis(주축)이 세로 방향이며, crossAxis(반대축)이 가로 방향입니다.

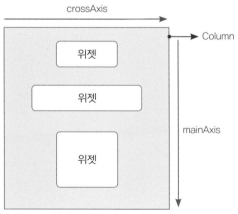

◆ MainAxis와 CrossAxis

```
//...생략
Widget _buildHeaderProfile() {
  return Column(
    crossAxisAlignment: CrossAxisAlignment.start,
    children: [
      Text(
        "GetinThere",
        style: TextStyle(
          fontSize: 25,
          fontWeight: FontWeight.w700,
        ),
      ),
      Text(
        "프로그래머/작가/강사",
        style: TextStyle(
          fontSize: 20,
        ),
      ),
      Text(
        "데어 프로그래밍",
        style: TextStyle(
          fontSize: 15,
        ),
      ),
    ],
  ); // end of Column
}
//...생략
```

TIP

center는 가운데 정렬
start는 주로 왼쪽 정렬
end는 주로 오른쪽 정렬
spaceBetween은 2개 이상의 위젯이 있을 때 양 끝 정렬
spaceAround는 2개 이상의 위젯이 있을 때 각 위젯들이 양 옆으로 적당한 공간을 확보

재사용 가능한 함수 만들기

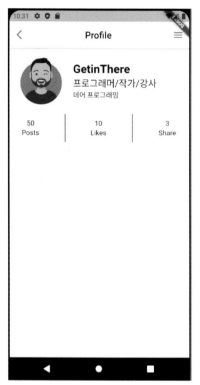

◆ 완성 화면

위 그림을 보면 50 Posts, 10 Likes, 3 Share 부분의 디자인이 동일한데 Text만 다른 것을 확인할 수 있습니다. 그리고 파란색 선도 두 군데서 동일하게 사용되고 있습니다. 이럴 때는 재사용 가능한 함수로 만드는 것이 좋습니다.

lib/components/profile_count_info.dart

```
//...생략
Widget _buildInfo(String count, String title) {
  return Column(
    children: [
      Text(
        count, // 변수 바인딩
        style: TextStyle(fontSize: 15),
      ),
      SizedBox(height: 2),
      Text(
        title, // 변수 바인딩
        style: TextStyle(fontSize: 15),
      ),
    ],
  ); // end of Column
}
```

```
Widget _buildLine() {
  return Container(width: 2, height: 60, color: Colors.blue); // end of Container
}
//...생략
```

InkWell 위젯을 사용하여 ProfileButtons 클래스 만들기

◆ 6.3.5 완성 화면

InkWell 위젯은 모든 위젯을 버튼화 시켜주는 위젯입니다. 문서에는 터치에 반응하는 Material(물질, 재료)의 직사각형 영역이라고 나와 있습니다.

플러터에서 버튼을 만들기 위한 방법이 대표적으로 4가지가 있습니다.

❶ TextButton 위젯으로 구현하기
❷ ElevatedButton 위젯으로 구현하기
❸ OutlinedButton 위젯으로 구현하기
❹ InkWell 위젯으로 구현하기

TextButton의 특징은 버튼 자체에 아무런 디자인이 없습니다. 그냥 Text를 클릭할 수 있게 만들어주는 효과만 가지고 있습니다.

ElevatedButton의 특징은 버튼 자체에 디자인이 생깁니다. 대표적으로 elevation 효과가 적용되는데 버튼 오른쪽과 아래쪽 부분에 그림자 효과가 생기게 되어 약간 떠올라 있는 느낌을 가지게 해줍니다.

OutlinedButton의 특징은 가장 자리에 테두리 선을 가지고 있습니다.

◆ Flutter 버튼 종류

InkWell 위젯의 특징은 모든 위젯을 버튼으로 만들 수 있다는 것입니다. 보통 Container로 디자인한 뒤 InkWell 위젯으로 감싸는데 개인적으로 이 방법을 가장 선호합니다. 왜냐하면 버튼 디자인을 가장 자유롭게 할 수 있기 때문입니다.

lib/components/profile_button.dart

```dart
import 'package:flutter/material.dart';

class ProfileButtons extends StatelessWidget {
  @override
  Widget build(BuildContext context) {
    return Row(
      mainAxisAlignment: MainAxisAlignment.spaceAround,
      children: [
        _buildFollowButton(),
        _buildMessageButton(),
      ],
    );
  }

  Widget _buildFollowButton() {
    return InkWell(
      onTap: () {
        print("Follow 버튼 클릭됨");
      },
      child: Container(
        alignment: Alignment.center, // 컨테이너 내부 Text 위젯 정렬시 사용
        width: 150,
        height: 45,
        child: Text(
          "Follow",
          style: TextStyle(color: Colors.white),
        ),
        decoration: BoxDecoration(
          color: Colors.blue,
          borderRadius: BorderRadius.circular(10), // 컨테이너 모서리를 둥글게 한다.
```

```
        ),
      ),
    ); // end of InkWell
  }

  Widget _buildMessageButton() {
    return InkWell(
      onTap: () {
        print("Message 버튼 클릭됨");
      },
      child: Container(
        alignment: Alignment.center,
        width: 150,
        height: 45,
        child: Text(
          "Message",
          style: TextStyle(color: Colors.black),
        ),
        decoration: BoxDecoration(
          color: Colors.white,
          borderRadius: BorderRadius.circular(10),
          border: Border.all(), // 컨테이너에 테두리 선을 준다.
        ),
      ),
    ); // end of InkWell
  }
}
```

TabBar 위젯과 TabBarView 위젯 사용하기

◆ 완성 화면

❶ TabBar

탭의 가로 행을 표시하는 머티리얼 디자인 위젯입니다.

❷ TabBarView

현재 선택된 탭에 해당하는 화면 표시하는 위젯입니다. TabBar 위젯과 TabBarView 위젯의 controller 속성에 TabController 객체를 연결하면 TabBarView가 선택된 Tab에 따라 화면을 변경하게 됩니다.

❸ SingleTicketProviderStateMixin

SingleTicketProviderStateMixin은 한 개의 애니메이션을 가진 위젯을 정의할 때 사용합니다. 두 개 이상의 애니메이션을 가진 위젯을 정의하려면 TickerProviderStateMixin을 사용해야 합니다.

[기본 개념] → 이것만 이해하셔도 됩니다

SingleTicketProviderStateMixin은 Mixin 타입입니다. Mixin은 클래스가 가지고 있는 코드를 재사용하기 위해서 만들어졌습니다. 보통 프로그래밍 언어는 다중 상속이 불가능합니다. _ProfileTabState 클래스는 State〈ProfileTab〉 클래스를 상속하고 있기 때문에 다른 클래스를 상속할 수 없지만 SingleTicketProviderStateMixin은 mixin 타입이기 때문에 상속이 가능합니다. 이때는 extends를 사용하지 않고 with 키워드를 사용해야 합니다.

[깊은 개념] → 어려우니 넘어가셔도 됩니다

프로그래밍 언어에서 상속을 사용하는 주된 이유는 재사용 보다는 타입을 일치시키거나 함수를 Overriding(재정의) 하는데 있습니다. 재사용하기 위해서는 Composition(결합)을 하면 됩니다. 여기서 다형성이라는 개념이 나오게 되는데 다형성이란 여러 가지 형태를 가질 수 있다는 뜻입니다. 예를 들어 사자는 사자이기도 하지만 동물이기도 합니다. 동물은 추상적인 개념이지만 사자는 실재하는 존재입니다. 여기서 사자를 자식이라고 하고 동물을 부모라고 합니다. 그 이유는 동물은 사자뿐 만 아니라 토끼, 기린, 코끼리 등 다양한 것들을 아우를 수 있는 더 큰 개념이기 때문입니다.

사자가 동물을 상속하였는데 사자가 추가적으로 식물을 상속할 수 없습니다. 부모가 두 명이 되는 순간 타입의 일치성이 사라지고 다형성의 개념이 모호해집니다. 하지만 프로그래밍을 하다 보면 다중 상속이 필요한 경우가 생기게 됩니다. 이때는 보통 인터페이스를 사용하여 타입을 일치시키고 행동(함수)을 강제시킵니다. 하지만 인터페이스는 함수를 재사용하는 것에 목적이 있는 것이 아닙니다. 타입을 일치시키면서 부모 클래스의 변수나 함수를 재사용하기 위해서 탄생한 것이 바로 Mixin 입니다.

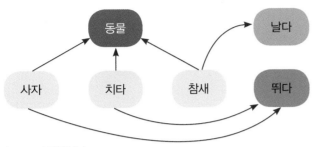

◆ Mixin 이해해보기

lib/components/profile_tab.dart

```
import 'package:flutter/material.dart';

class ProfileTab extends StatefulWidget {
  @override
  _ProfileTabState createState() => _ProfileTabState();
}

class _ProfileTabState extends State<ProfileTab> with SingleTickerProviderStateMixin {
  TabController? _tabController;

  @override
  void initState() {
    super.initState();
    _tabController = new TabController(length: 2, vsync: this);
  }

  @override
  Widget build(BuildContext context) {
    return Column(
      children: [
        _buildTabBar(),
        Expanded(child: _buildTabBarView()), // end of Expanded
```

```
      ],
    );
  }

  Widget _buildTabBar() {
    return TabBar(
      controller: _tabController,
      tabs: [
        Tab(icon: Icon(Icons.directions_car)),
        Tab(icon: Icon(Icons.directions_transit)),
      ],
    ); // end of TabBar
  }

  Widget _buildTabBarView() {
    return TabBarView(
      controller: _tabController,
      children: [
        Container(color: Colors.green),
        Container(color: Colors.red),
      ],
    ); // end of TabBarView
  }
}
```

TIP

initState() 함수는 StatefulWidget 에만 존재하는 초기화를 위한 함수입니다. ProfileTab 위젯이 최초에 핸드폰에 그림 그려질 때 단 한 번만 실행되는 함수입니다. 그 뒤에 데이터 변경으로 인해 그림이 다시 그려진다고 하더라도 initState() 함수는 실행되지 않습니다.

TIP

vsync:this는 해당 위젯의 싱크를 SingleTickerProviderStateMixin에 맞춘다는 뜻입니다. SingleTickerProviderStateMixin은 내부적으로 AnimatedController 위젯으로 구현되어 있는데 현재 화면에 상태가 변경되면(Tab을 클릭하면) 애니메이션이 발동되도록 싱크를 맞춘다는 의미입니다.

GridView 위젯과 Image.network

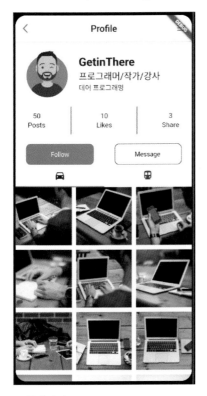

◆ 완성 화면

GridView는 수평방향이나 수직방향으로 고정 수의 위젯을 생성하고 반복해서 List를 출력해주는 위 젯입니다. TabBarView의 첫 번째 초록 Container를 GridView.builder로 변경해보겠습니다.

GridView에 들어갈 Item의 양이 정해져 있다면 다음과 같이 GridView로 구성할 수 있습니다. 아래에는 GridView에 자식으로 Container가 4개가 들어가 있습니다. 아래 이미지의 코드는 코딩할 필요 없습니다.

◆ 길이가 정해져 있는 GridView 예시

◆ 길이가 정해져 있는 GridView 코드 실행 화면

하지만 GridView에 들어올 item의 개수가 동적이라면 GridView로 구성할 수 없습니다. 이럴 때는 GridView.builder를 사용해야 합니다.

```
lib/components/profile_tab.dart
Widget _buildTabBarView() {
  return TabBarView(
    controller: _tabController,
    children: [
      GridView.builder(
        gridDelegate: SliverGridDelegateWithFixedCrossAxisCount(
          crossAxisSpacing: 10,
          crossAxisCount: 3,
          mainAxisSpacing: 10,
        ),
        itemCount: 42,
        itemBuilder: (context, index) {
          return Image.network(
              "https://picsum.photos/id/${index + 1}/200/200");
        },
      ), // end of GridView.builder
      Container(color: Colors.red),
    ],
  );
}
```

Image.network를 사용하면 url 주소를 사용하여 이미지를 다운로드 한 뒤 화면에 표시할 수 있습니다. https://picsum.photos 사이트는 이미지를 무료로 제공해줍니다. 이미지가 필요할 때 유용하게 활용할 수 있는 사이트입니다.

◆ 이미지 다운로드 사이트

TIP

pub.dev 사이트에 가면 CachedNetworkImage 라이브러리가 있습니다. 해당 라이브러리를 사용하여 Image를 UI에 표시하게 되면 Image가 캐싱되어 한 번 다운 받은 Image는 다시 다운 받지 않기 때문에 앱에 성능이 좋아집니다.

F lutter project

CHAPTER 07

로그인 앱 만들기

이번 장에서는 Form 위젯, TextFormField 위젯, Navigator 위젯을 위한 Route, Svg 위젯, 앱 전체 디자인을 위한 Theme 사용법에 대해서 배워보도록 하겠습니다.

07 _ 1 로그인 앱 구조 살펴보기

모든 소스 코드는 https://github.com/flutter-coder/flutter-ui-book1 에 공개되어 있습니다.

◆ 로그인 앱 완성 화면

화면 구조보기

❶ login 화면

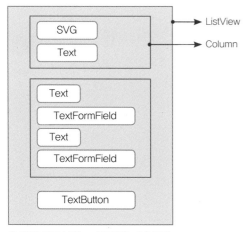

◆ 화면 구조 보기 – 로그인(login) 화면

❷ home 화면

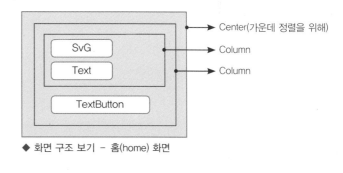

◆ 화면 구조 보기 – 홈(home) 화면

필요한 위젯 살펴보기

이제 처음에 봤던 로그인 앱에 필요한 위젯을 자세히 살펴보겠습니다. 해당 그림에는 레이아웃에 관련된 Column과 Row 위젯은 가시성을 위해 제외하였습니다.

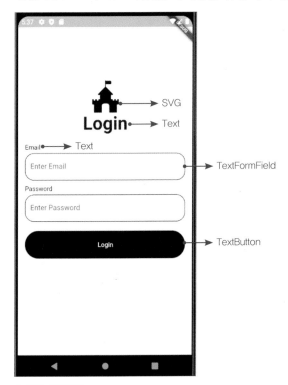

◆ 위젯 살펴보기

플러터 프로젝트 생성하기

프로젝트 이름을 flutter_login 으로 설정합니다.

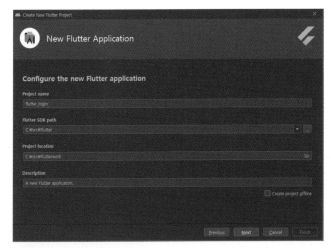

◆ flutter 프로젝트 설정 화면

07 _ 2 로그인 앱 뼈대 작성하기

프로젝트 구조 세팅하기

작업 순서

❶ 프로젝트 최상단에 assets 폴더 생성

❷ lib/components 패키지 생성

❸ lib/pages 패키지 생성

❹ lib/pages/home_page.dart 파일 생성

❺ lib/pages/login_page.dart 파일 생성

❻ lib/size.dart 파일 생성

◆ 프로젝트 구조

❼ pubspec.yaml에 assets 폴더 설정 후 우측 상단 [Pub get] 버튼 클릭

```
# To add assets to your application, add an assets section, like this:
assets:
  - assets/
# - images/a_dot_ham.jpeg
```

◆ assets 설정

❽ assets폴더에 logo.svg 추가하기

◆ 로고 추가

기본코드 작성하기 – 화면 이동을 위한 Routes

모바일 앱은 종종 많은 수의 경로를 관리하며 이때 이름으로 참조하는 것이 가장 쉽습니다. 규칙에 따라 경로 이름은 경로와 유사한 구조 (예 : '/ a / b / c')를 사용합니다. 이렇게 이름을 만들어서 routing 하는 방식을 명명된 네비게이터 경로 사용법이라고 합니다.

```
void main() {
  runApp(MaterialApp(
    home: MyAppHome(), // becomes the route named '/'
    routes: <String, WidgetBuilder> {
      '/a': (BuildContext context) => MyPage(title: 'page A'),
      '/b': (BuildContext context) => MyPage(title: 'page B'),
      '/c': (BuildContext context) => MyPage(title: 'page C'),
    },
  ));
}
```

◆ Routes 사용법

작업 순서

❶ lib/size.dart 코드 작성

❷ lib/pages/login_page.dart 코드 작성

❸ lib/pages/home_page.dart 코드 작성

❹ lib/main.dart 코드 작성

❶ lib/size.dart 코드를 작성해 봅니다.

lib/size.dart

```
const double small_gap = 5.0;
const double medium_gap = 10.0;
const double large_gap = 20.0;
const double xlarge_gap = 100.0;
```

TIP

Expanded 위젯이나 Spacer 위젯은 화면의 남은 공간만큼 확장하는 위젯인데 ListView위젯은 남은 공간이 있을까요? ListView 는 스크롤이 있는 위젯입니다. 그렇기 때문에 스크롤이 있는 위젯의 최대 높이는 무한입니다. 이런 곳에서는 Expanded나 Spacer 위젯을 사용할 수 없습니다. 그래서 SizedBox를 이용하겠습니다. 적절한 높이를 주기 위해서 값을 무작정 추가하기 보다는 size.dart 라는 파일을 하나 만들어서 값을 정해두고 사용하는 것이 좋습니다.

❷ lib/pages/login_page.dart 코드를 작성해 봅니다.

◆ login_page 임시 화면

lib/pages/login_page.dart

```
class LoginPage extends StatelessWidget {
  @override
  Widget build(BuildContext context) {
    return Scaffold(
      body: Container(
        color: Colors.yellow,
      ),
    );
  }
}
```

❸ home_page.dart 파일을 다음과 같이 만들어 봅니다.

◆ home_page 임시 화면

lib/pages/home_page.dart

```
import 'package:flutter/material.dart';

class HomePage extends StatelessWidget {
  @override
  Widget build(BuildContext context) {
    return Scaffold(
      body: Container(
        color: Colors.red,
      ),
    );
  }
}
```

❝ 클래스 이름은 LoginPage로 만들지만 파일명은 언더스코어(_) 방식을 사용하여 단어를 구분하며 대문자를 사용하지 않는 것은 flutter 규칙입니다. 해당 규칙을 따라 하지 않아도 앱을 구성할 수 있지만 코드 컨벤션(코드 스타일 규칙)은 지켜주는 것이 좋습니다.

❹ main.dart 파일을 다음과 같이 만들어 봅니다.

```dart
import 'package:flutter/material.dart';
import 'package:flutter_login/pages/home_page.dart';
import 'package:flutter_login/pages/login_page.dart';

void main() {
  runApp(MyApp());
}

class MyApp extends StatelessWidget {
  @override
  Widget build(BuildContext context) {
    return MaterialApp(
      initialRoute: "/login",
      routes: {
        "/login": (context) => LoginPage(),
        "/home": (context) => HomePage(),
      },
    );
  }
}
```

실행을 하면 initialRoute를 "/login"으로 설정했기 때문에 LoginPage가 실행됩니다. 추후에 Navigator 위젯을 사용하여 화면 Login 버튼을 클릭 했을 때 화면을 이동해보도록 할 것입니다.

07 _ 3 LoginPage 위젯 구성하기

작업 순서

❶ 전체 구성을 ListView 위젯으로 전체 구성하기
❷ SvgPicture 라이브러리로 Logo 위젯 만들기 lib/components/logo.dart
❸ TextFormField 위젯 만들기 lib/components/custom_text_form_field.dart
❹ Form 위젯 만들기 lib/components/custom_form.dart
❺ Form 위젯에 Theme를 적용한 TextButton 추가하기
❻ Navigator로 화면 이동하기
❼ Form 위젯 유효성(validation) 검사하기

ListView 위젯으로 전체 구성하기

Column을 사용하지 않고 ListView로 전체화면을 구성하는 이유는 다음과 같습니다.

첫째, 방향이 세로 방향이기 때문에 Column과 ListView 둘 다 사용이 가능합니다.

둘째, TextFormField를 터치하게 되면 아래에서 키보드가 올라오게 되는데 이때 화면에 그림을 그릴 수 없는 영역이 생기게 됩니다. 이 영역을 inset 영역이라고 합니다. inset 영역에는 그림을 그릴 수 없기 때문에 화면에 스크롤이 없으면 그림을 그릴 수 있는 영역이 줄어들어서 overflow 오류가 발생합니다. 그래서 화면에 스크롤에 주어야 합니다.

> ❝ 화면에 TextFormField 위젯이 필요하다면 전체화면에 스크롤을 달아주는 것이 좋습니다.

◆ Inset 영역

lib/pages/login_page.dart

```dart
import 'package:flutter/material.dart';

class LoginPage extends StatelessWidget {
  @override
  Widget build(BuildContext context) {
    return Scaffold(
      body: ListView(
        children: [

        ],
      )
    ); // end of ListView
  }
}
```

SvgPicture 라이브러리로 Logo 위젯 만들기

◆ 안성 화면

SVG란 Vector 이미지입니다. 일반 이미지가 아닌 Vector 이미지를 사용하는 이유는 화면의 크기가 변해도 사진이 깨지지 않습니다. SvgPicture 위젯은 외부 라이브러리입니다. pub.dev 사이트로 가서 flutter_svg를 검색합니다. null-safety가 적용된 라이브러리를 사용합니다.

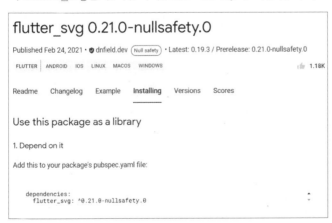

◆ pub.dev 라이브러리 설치하기

pubspec.yaml에 라이브러리를 등록한 뒤 우측 상단에 [Pub get] 버튼을 클릭하여 현재 설정을 반영합니다.

```
version: 1.0.0+1

environment:
  sdk: ">=2.12.0 <3.0.0"

dependencies:
  flutter:
    sdk: flutter
  flutter_svg: ^0.21.0-nullsafety.0



  # The following adds the Cupertino Icons font to your application.
  # Use with the CupertinoIcons class for iOS style icons.
  cupertino_icons: ^1.0.2
```

◆ pubspec.yaml 라이브러리 반영하기

---

lib/components/logo.dart

```dart
import 'package:flutter/material.dart';
import 'package:flutter_svg/flutter_svg.dart';


class Logo extends StatelessWidget {
  final String title;

  const Logo(this.title);

  @override
  Widget build(BuildContext context) {
    return Column(
      children: [
        SvgPicture.asset(
          "assets/logo.svg",
          height: 70,
          width: 70,
        ),
        Text(
          title,
          style: TextStyle(fontSize: 40, fontWeight: FontWeight.bold),
        ),
      ],
    );
  }
}
```

```
import 'package:flutter/material.dart';
import 'package:flutter_login/components/logo.dart';
import 'package:flutter_login/size.dart';

class LoginPage extends StatelessWidget {
  @override
  Widget build(BuildContext context) {
    return Scaffold(
      body: Padding(
        padding: const EdgeInsets.all(16.0),
        child: ListView(
          children: [
            SizedBox(height: xlarge_gap),
            Logo("Login"),
          ],
        ),
      ), // end of Padding
    );
  }
}
```

TextFormField 위젯 만들기

◆ 완성 컴포넌트 (재사용을 위한 커스텀 위젯)

TextFormField는 TextField와 유사하게 사용자 입력을 받을 수 있는 입력 양식입니다. 다른 점은 validator 속성을 활용하여 유효성 검사를 가능하게 해줍니다.

> ❝ 이번 예제는 실행이 불가능합니다. custom_form.dart 파일이 완성되면 실행해봅시다.

```
import 'package:flutter/material.dart';
import 'package:flutter_login/size.dart';

class CustomTextFormField extends StatelessWidget {
  final String text;
```

```dart
  const CustomTextFormField(this.text);

  @override
  Widget build(BuildContext context) {
    return Column(
      crossAxisAlignment: CrossAxisAlignment.start,
      children: [
        Text(text),
        SizedBox(height: small_gap),
        TextFormField(
          // 1. 느낌표는 null이 절대 아니다 라고 컴파일러에게 알려주는 것
          validator: (value) => value!.isEmpty
              ? "Please enter some text"
              : null, // 1. 값이 없으면 Please enter some text 경고 화면 표시
          obscureText:
              // 2. 해당 TextFormField가 비밀번호 입력 양식이면 **** 처리 해주기
              text == "Password" ? true : false,
          decoration: InputDecoration(
            hintText: "Enter $text",
            enabledBorder: OutlineInputBorder(
              // 3. 기본 TextFormField 디자인
              borderRadius: BorderRadius.circular(20),
            ),
            focusedBorder: OutlineInputBorder(
              // 4. 손가락 터치시 TextFormField 디자인
              borderRadius: BorderRadius.circular(20),
            ),
            errorBorder: OutlineInputBorder(
              // 5. 에러발생시 TextFormField 디자인
              borderRadius: BorderRadius.circular(20),
            ),
            focusedErrorBorder: OutlineInputBorder(
              // 6. 에러가 발생 후 손가락을 터치했을 때 TextFormField 디자인
              borderRadius: BorderRadius.circular(20),
            ),
          ),
        ),
      ],
    );
  }
}
```

Form 위젯 만들기

◆완성 화면

Form 위젯은 데이터 전송을 위해 여러 양식의 위젯을 함께 그룹화 해주는 컨테이너 위젯입니다. 사용자 입력을 받을 수 있는 여러 입력 요소들을 감싸서 한 번에 데이터를 전송하게 해주거나, 입력 요소들의 유효성을 검사하는데 사용됩니다. 즉, Form 위젯 안에 TextFormField를 여러 개 추가하여 사용자 입력을 받고 입력 받은 데이터를 한 번에 전송할 수 있습니다.

```
lib/components/custom_form.dart
```

```dart
import 'package:flutter/material.dart';
import 'package:flutter_login/components/custom_text_form_field.dart';
import 'package:flutter_login/size.dart';

class CustomForm extends StatelessWidget {
  final _formKey = GlobalKey<FormState>(); // 1. 글로벌 key
  @override
  Widget build(BuildContext context) {
    return Form(
      // 2. 글로벌 key를 Form 태그에 연결하여 해당 key로 Form의 상태를 관리할 수 있다.
      key: _formKey,
      child: Column(
        children: [
          CustomTextFormField("Email"),
```

```
        SizedBox(height: medium_gap),
        CustomTextFormField("Password"),
        SizedBox(height: large_gap),
      ],
    ),
  );
  }
}
```

lib/pages/login_page.dart

```
import 'package:flutter/material.dart';
import 'package:flutter_login/components/custom_form.dart';
import 'package:flutter_login/components/logo.dart';
import 'package:flutter_login/size.dart';

class LoginPage extends StatelessWidget {
  @override
  Widget build(BuildContext context) {
    return Scaffold(
      body: Padding(
        padding: const EdgeInsets.all(16.0),
        child: ListView(
          children: [
            SizedBox(height: xlarge_gap),
            Logo("Login"),
            SizedBox(height: large_gap),
            CustomForm(),
          ],
        ),
      ),
    );
  }
}
```

Form 위젯에 Theme를 적용한 TextButton 추가하기

◆ 완성 화면

버튼을 만들려고 하는데 login_page.dart 에 있는 버튼과 home_page.dart에 있는 버튼의 디자인
이 똑같습니다.

◆ login_page와 home_page의 같은 디자인의 버튼

똑같은 디자인은 재사용 가능한 위젯으로 components 패키지에 생성하여 만들 수 있습니다. 하지만 나의 앱에 모든 TextButton의 디자인이 동일하다면 테마(Theme)를 지정하면 더 쉽게 재사용할 수 있습니다.

```
lib/main.dart
```

```dart
//... 생략
class MyApp extends StatelessWidget {
  @override
  Widget build(BuildContext context) {
    return MaterialApp(
      // 테마 설정
      theme: ThemeData(
        textButtonTheme: TextButtonThemeData(
          style: TextButton.styleFrom(
            backgroundColor: Colors.black,
            primary: Colors.white,
            shape: RoundedRectangleBorder(
              borderRadius: BorderRadius.circular(30),
            ),
            minimumSize: Size(400, 60),
          ),
        ),
      ), // end of ThemeData
      initialRoute: "/login",
      routes: {
        "/login": (context) => LoginPage(),
        "/home": (context) => HomePage(),
      },
    );
  }
}
```

```
lib/components/custom_form.dart
```

```dart
//... 생략
child: Column(
  children: [
    CustomTextFormField("Email"),
    SizedBox(height: medium_gap),
    CustomTextFormField("Password"),
    SizedBox(height: large_gap),
    TextButton(
      onPressed: () {},
      child: Text("Login"),
    ), // end of TextButton
  ],
),
//... 생략
```

Navigator로 화면 이동하기

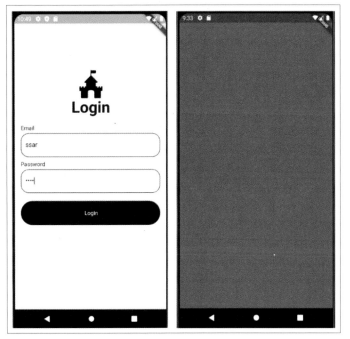

◆ 완성 화면

스택(Stack) 방식을 이용하여 여러 위젯을 관리하는 위젯입니다. 스택이란 책상 위에 책을 쌓아 올리게 되면 가장 먼저 쌓은 책을 꺼내기 위해서는 가장 위에 있는 책부터 다시 꺼내야 됩니다.

첫 번째 책은 LoginPage입니다. 여기서 HomePage로 이동하기 위해서는 첫 번째 책 위에 두 번째 책을 올리기만 하면 새로운 화면이 나타납니다. 이때 다시 첫 번째 화면을 보기 위해서는 두 번째 책을 책상에서 치우기만 하면 됩니다. 책을 쌓아 올리는 키워드를 보통 프로그래밍에서 push 라고 하고 책을 꺼내는 키워드를 pop 이라고 부릅니다.

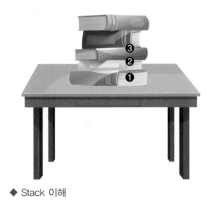

◆ Stack 이해

```
//... 생략
TextButton(
  onPressed: () {
    Navigator.pushNamed(context, "/home");
  },
  child: Text("Login"),
),
//... 생략
```

위와 같이 코드를 작성한 뒤 Login 버튼을 클릭하면 화면 이동이 가능해집니다.

Form 위젯 유효성(validation) 검사하기

```
lib/components/custom_form.dart
TextButton(
  onPressed: () {
    if (_formKey.currentState!.validate()) { // 유효성 검사
      Navigator.pushNamed(context, "/home");
    } // end of if
  },
  child: Text("Login"),
),
//...생략
```

Form 위젯 안에 모든 TextFormField의 값이 비어있는지 확인하고 비어있으면 false, 비어있지 않으면 true를 리턴합니다. true가 리턴되면 화면이 이동됩니다.

07 _ 4 HomePage 위젯 구성하기

❶ home_page.dart 코드 완성하기

home_page.dart 코드 완성하기

◆ 완성 화면

lib/pages/home_page.dart

```dart
import 'package:flutter/material.dart';
import 'package:flutter_login/components/logo.dart';

class HomePage extends StatelessWidget {
  @override
  Widget build(BuildContext context) {
    return Scaffold(
      body: Padding(
        padding: const EdgeInsets.all(16.0),
        child: Column(
          children: [
            SizedBox(height: 200),
```

```
            Logo("Care Soft"),
            SizedBox(height: 50),
            TextButton(
              onPressed: () {
                Navigator.pop(context); // 화면 Stack 제거
              },
              child: Text("Get Started"),
            ),
          ],
        ),
      ), // end of Padding
    );
  }
}
```

Navigator.pop(context) 함수를 이용하면 스택의 가장 위에 쌓여 있는 위젯을 꺼내기 때문에 HomePage 위젯이 사라지고 LoginPage 위젯이 스택의 가장 위로 올라오게 됩니다.

TIP HomePage를 빠르게 만들 수 있었던 이유

1. Logo 위젯 재사용
2. TextButton은 Theme로 설정

F lutter project

CHAPTER 08

쇼핑카트 앱 만들기

이번 장에서는 StatefulWidget과 Stack 위젯, Positioned 위젯, CupertinoAlertDialog 위젯에 대해서 배워보도록 하겠습니다.

08 _ 1 쇼핑카트 앱 구조 살펴보기

모든 소스 코드는 https://github.com/flutter-coder/flutter-ui-book1 에 공개되어 있습니다.

◆ 쇼핑카트 앱 완성 화면

화면 구조보기

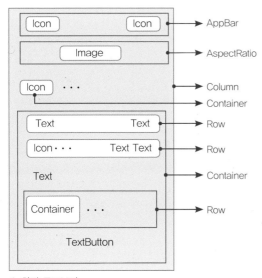

◆ 화면 구조보기

필요한 위젯 살펴보기

이제 처음에 봤던 로그인 앱에 필요한 위젯을 자세히 살펴보겠습니다. 해당 그림에는 레이아웃에 관련된 Column과 Row 위젯은 가시성을 위해 제외하였습니다.

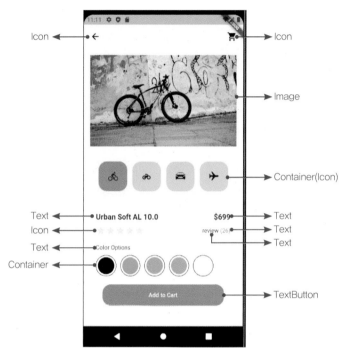

◆ 위젯 살펴보기

플러터 프로젝트 생성하기

프로젝트 이름을 flutter_shoppingcart 으로 설정합니다.

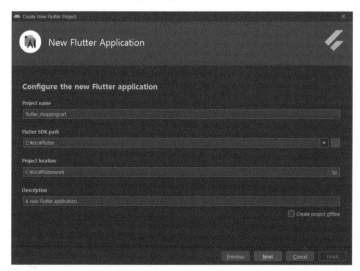

◆ Flutter 프로젝트 설정 화면

08 _ 2 플러터 상태 관리 StatefulWidget

StatefulWidget이란?

변경 가능한 상태를 가진 위젯입니다. 위젯이 처음 화면에 그려질 때 변수의 값(상태값)에 따라 위젯을 그릴 수 있고, 화면에 그림이 그려진 후 사용자에 액션에 따라 위젯을 다시 그릴 수 도 있는 위젯입니다.

◆ StatefulWidget과 StatelessWidget 차이

StatefulWidget과 StatelessWidget의 차이

UI를 만들면 UI가 항상 고정되어 있지 않습니다. 사용자와 상호작용하는 UI에는 상태가 있습니다. 예를 들어 사용자가 버튼을 클릭하면 그림을 변경할 수 있습니다.

◆ 사용자에 의해 변경되는 화면

자전거 버튼을 클릭하면 자전거 그림이 표시되고 오토바이 버튼을 클릭하면 오토바이 그림이 표시됩니다. 이 경우는 화면에 그림이 다 그려지고 난 뒤 사용자와 상호작용을 통해서 위젯이 다시 그려지는 경우입니다.

이렇게 화면이 그려지고 난 뒤 사용자와 상호작용을 통해서 위젯을 다시 그려야 하는 경우 StatefulWidget을 사용해야 합니다. StatefulWidget은 상태를 가지는 위젯입니다.

상태를 가지는 위젯은 final 변수가 아닌 변경할 수 있는 일반적인 변수를 가질 수 있습니다. StatelessWidget은 상태가 없기 때문에 상호작용에 의해 화면이 동적으로 다시 그려지지 않습니다.

그렇기 때문에 final 변수를 선언하는 것이 좋습니다. 물론 StatelessWidget에 일반 변수를 사용할 수 없는 것은 아닙니다. 아래 그림을 보세요.

◆ StatelessWidget에 일반 변수를 사용하면 나타나는 경고

StatelessWidget에 일반 변수를 초기화하게 되면 위와 같이 경고 메시지가 뜹니다. 해당 클래스는 변경 불가능한(@immutable) 변수를 사용하면 좋을 것 같다고 알려줍니다. 왜냐하면 변경 가능한 변수를 사용한다 하더라도 그 변수로 인해 그림을 다시 그릴 수 없기 때문입니다.

❶ StatelessWidget

Stateless 위젯에 변수 값을 변경한다 하더라도 화면이 변경되지 않습니다. 그 이유는 Stateless 위젯은 상태가 없는 위젯이기 때문입니다. 상태가 없으면 그림이 다시 그려지지 않습니다. 그림은 최초 앱 실행 시 한 번만 그려집니다.

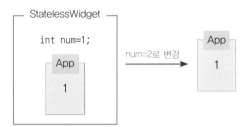

◆ StetelessWidget은 화면이 변하지 않는다

❷ StatefulWidget

Stateful 위젯에 변수 값을 변경하게 되면 화면이 변경됩니다. 그 이유는 Stateful 위젯은 상태가 있는 위젯이기 때문입니다. 상태가 있는 위젯은 앱이 실행되고 난 뒤에도 상태가 변경되면 그림을 다시 그릴 수 있습니다.

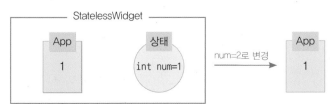

◆ StatefulWidget도 변수를 직접 변경하면 화면이 변하지 않는다

그런데 변경되지 않았습니다. 그 이유는 변수의 값을 직접적으로 변경하게 되면 앱이 다시 build 되지 않습니다. 플러터에서 그림을 다시 그린다는 의미는 build() 함수가 다시 실행된다는 의미입니다.

◆ 그림이 다시 그려진다는 것은 build 함수가 다시 실행된다는 의미

build 메서드를 다시 실행하기 위해서는 변수 변경 시에 특정 함수를 호출해줘야 합니다.

❸ setState 함수

setState 함수를 통해서 상태변수를 변경하게 되면 build 함수가 다시 실행됩니다. 즉 상태 변경이 일어날 때 마다 build 함수가 다시 실행되며 변경된 상태에 따라 그림이 다시 그려지게 됩니다.

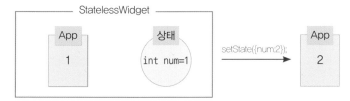

◆ setState() 함수로 상태를 변경해야 그림이 다시 그려진다

위젯 트리

플러터는 위젯 트리로 구성되어 있습니다.

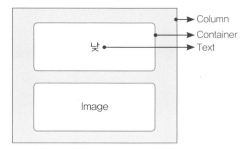

◆ 위젯 트리를 설명하기 위한 화면 구조

위와 같은 화면이 있을 때, 위젯 트리는 다음과 같이 구성이 됩니다.

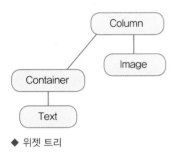

◆ 위젯 트리

StatefulWidget 빌드 흐름

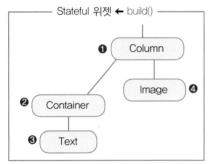

◆ StatefulWidget 빌드 흐름

앱이 실행되어 처음 화면이 나타날 때 StatefulWidget의 build() 함수가 호출되며 ❶, ❷, ❸, ❹ 순으로 그림이 그려지게 됩니다. 마찬가지로 StatelessWidget 또한 동일하게 작동합니다.

다른 점은 StatelessWidget은 build() 함수가 단 한 번만 호출될 수 있지만 StatefulWidget은 상태를 가지기 때문에 상태가 변경되게 되면 다음과 같이 build() 함수가 재실행되어 ❶, ❷, ❸, ❹를 다시 그립니다.

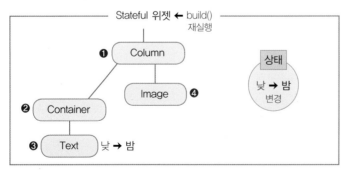

◆ StatefulWidget의 상태 변경 후 빌드 흐름

단점은 Text 위젯을 다시 그리기 위해서 Column, Container, Text, Image 위젯, 즉 모든 위젯이 다시 그려지는 일이 발생합니다. 그 이유는 플러터는 부모가 다시 그려지면 그 이하의 모든 자식들이 다시 그려지게 되기 때문입니다. 어떻게 하면 Text 위젯만 다시 그릴 수 있을까요?

BuildContext 분리하기

플러터는 그림을 그릴 때 어떤 위젯을 다시 그려야 할지 참조하기 위해 BuildContext를 가지고 있습니다. build 라는 뜻은 건물 등을 다시 짓다라는 뜻이 있습니다. context는 문맥, 전후사정이라는 뜻이 있습니다. 뜻을 풀이해보면 건물을 다시 짓기 위해 전후 흐름을 알고 있는 클래스가 바로 BuildContext 클래스입니다.

예를 들어 보겠습니다. 어제 1페이지부터 10페이지까지 플러터책을 썼습니다. 그리고 오늘 플러터 책을 이어서 써야 하는 상황입니다. 몇 페이지부터 쓰면 될까요? 당연히 11페이지부터 책을 이어 쓰면 됩니다. 플러터에서는 BuildContext가 11페이지부터 글을 다시 적어야 하는 것을 알고 있습니다. 플러터 책을 쓴다는 것은 build 한다는 뜻이고, 11페이지부터 적어야 한다는 것은 context를 알고 있다는 뜻입니다. 결국 BuildContext란 어느 위젯부터 그림을 다시 그려야 하는지를 알고 있는 클래스입니다.

우리는 무엇을 하면 될까요? 위젯 트리에서 build() 함수가 실행되는 시점을 변경하면 Text위젯만 다시 그릴 수 있습니다.

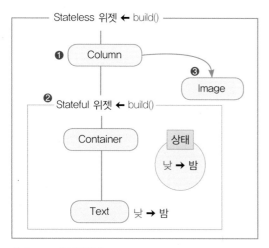

◆ Context가 분리된 StatefulWidget

위와 같이 build() 함수가 실행되는 시점을 변경하기 위해서는 새로운 위젯을 생성해야 하고 새로운 위젯을 생성하면 새로운 BuildContext가 생성되게 됩니다.

우선, 기존 위젯을 다시 Stateless 위젯으로 변경합니다. 왜냐하면 Column 위젯과 Image위젯은 상태가 없기 때문에 다시 그려질 필요가 없기 때문입니다. 그리고 상태가 있는 위젯을 새로운 위젯으로 변경하여 BuildContext를 분리하는 것입니다. BuildContext를 분리하는 순간 우리는 ②번만 다시 그릴 수 있습니다.

이것을 코드로 보면 아래와 같습니다. 개념만 알면 되기 때문에 코드를 따라 적을 필요는 없습니다.

```dart
import 'package:flutter/material.dart';

void main() {
  runApp(MyApp());
}

class MyApp extends StatelessWidget {
  @override
  Widget build(BuildContext context) {
    return MaterialApp(
      home: DayAndNight(),
    );
  }
}

class DayAndNight extends StatelessWidget {
  @override
  Widget build(BuildContext context) { // 1. 빌드 컨텍스트
    return Scaffold(
      body: Column(
        children: [
          Today(),
          Image.asset("assets/day.png"),
        ],
      ),
    );
  }
}

class Today extends StatefulWidget {
  @override
  _State createState() => _State();
}

class _State extends State<Today> {
  @override
  Widget build(BuildContext context) { // 2. 빌드 컨텍스트
    return Container(
      height: 400,
      child: Text("낮"),
    );
  }
}
```

08 _ 3 쇼핑카트 앱 뼈대 작성하기

프로젝트 구조 세팅하기

작업 순서

❶ 프로젝트 최상단에 assets 폴더 생성

❷ lib/components 패키지 생성

❸ lib/components/shoppingcart_header.dart 파일생성

❹ lib/components/shoppingcart_detail.dart 파일생성

❺ lib/constants.dart 파일 생성

❻ lib/theme.dart 파일 생성

◆ 프로젝트 구조

❼ pubspec.yaml에 assets 폴더 설정 후 우측 상단 [Pub get] 버튼 클릭

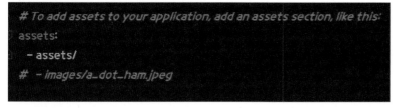

◆ assets 설정

❽ assets 폴더에 이미지 추가하기

◆ 이미지 추가

기본 코드 작성하기

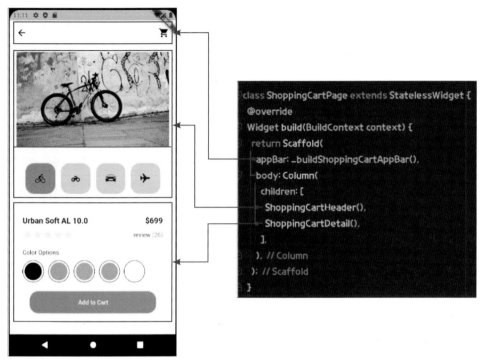

◆ 쇼핑카트 앱과 소스코드 매칭

작업 순서

❶ lib/constants.dart 코드 작성

❷ lib/theme.dart 코드 작성

❸ lib/components/shoppingcart_header.dart 코드 작성

❹ lib/components/shoppingcart_detail.dart 코드 작성

❺ lib/main.dart 코드 작성

❶ lib/constants.dart 코드를 작성해 봅니다. 해당 파일에 앱에 색상을 정의해 봅니다.

lib/constants.dart

```
import 'package:flutter/material.dart';

const kPrimaryColor = Color(0xFFeeeeee); // 앱 브랜드 색
const kSecondaryColor = Color(0xFFc6c6c6); // 기본 버튼 색
const kAccentColor = Color(0xFFff7643); // 활성화 버튼 색
```

❷ lib/theme.dart 코드를 작성해 봅니다. theme를 만들게 되면 전체 앱에 적용이 됩니다.

```dart
import 'package:flutter/material.dart';
import 'package:flutter_shoppingcart/constants.dart';


ThemeData theme() {
  return ThemeData(
    primaryColor: kPrimaryColor,
    scaffoldBackgroundColor: kPrimaryColor,
  );
}
```

❸ lib/components/shoppingcart_header.dart 코드를 작성해봅니다. StatelessWidget이 아닌 StatefulWidget을 사용하였습니다. 그 이유는 해당 페이지는 상태가 있는 위젯이기 때문입니다. 앱 이 실행된 후 상태를 통해 이미지를 변경할 것입니다.

◆ StatefulWidget 사용 이유

```dart
import 'package:flutter/material.dart';

class ShoppingCartHeader extends StatefulWidget {
  @override
  _ShoppingCartHeaderState createState() => _ShoppingCartHeaderState();
}

class _ShoppingCartHeaderState extends State<ShoppingCartHeader> {
  int selectedId = 0;

  List<String> selectedPic = [
    "assets/p1.jpeg",
    "assets/p2.jpeg",
    "assets/p3.jpeg",
    "assets/p4.jpeg",
```

```
    ];

    @override
    Widget build(BuildContext context) {
      return SizedBox();
    }
  }
```

❹ lib/components/shoppingcart_detail.dart 코드를 작성해봅니다.

lib/components/shoppingcart_detail.dart
```
import 'package:flutter/material.dart';

class ShoppingCartDetail extends StatelessWidget {
  @override
  Widget build(BuildContext context) {
    return SizedBox();
  }
}
```

❺ lib/main.dart 코드를 작성해봅니다. 전체 화면에 테마가 적용된 것을 확인할 수 있습니다.

◆ 기본 코드 완성 후 화면

```dart
import 'package:flutter/material.dart';
import 'package:flutter_shoppingcart/components/shoppingcart_detail.dart';
import 'package:flutter_shoppingcart/components/shoppingcart_header.dart';
import 'package:flutter_shoppingcart/theme.dart';

void main() {
  runApp(MyApp());
}

class MyApp extends StatelessWidget {
  @override
  Widget build(BuildContext context) {
    return MaterialApp(
      theme: theme(),
      home: ShoppingCartPage(),
    );
  }
}

class ShoppingCartPage extends StatelessWidget {
  @override
  Widget build(BuildContext context) {
    return Scaffold(
      appBar: _buildShoppingCartAppBar(),
      body: Column(
        children: [
          ShoppingCartHeader(),
          ShoppingCartDetail(),
        ],
      ),
    );
  }

  AppBar _buildShoppingCartAppBar() {
    return AppBar();
  }
}
```

08 _ 4 쇼핑카트 앱 만들어보기

작업 순서

❶ AppBar 만들기 _buildShoppingCartAppBar()
❷ 쇼핑카트 헤더 만들기 ShoppingCartHeader – setState() 함수
❸ 쇼핑카트 디테일 만들기 ShoppingCartDetail – Stack 위젯과 Positioned 위젯
❹ 쇼핑카트 디테일 만들기 ShoppingCartDetail – CupertinoAlertDialog 위젯

AppBar 만들기

◆ 완성 화면면

lib/main.dart

```
//...생략
AppBar _buildShoppingCartAppBar() {
  return AppBar(
    leading: IconButton(
      icon: Icon(Icons.arrow_back),
      onPressed: () {},
    ),
    actions: [
      IconButton(
        icon: Icon(Icons.shopping_cart),
```

```
      onPressed: () {},
    ),
    SizedBox(width: 16),
  ],
  elevation: 0.0,
); // end of AppBar
}
//...생략
```

쇼핑카트 헤더 만들기 – setState() 함수

setState() 함수를 이용하여 상태(변수값)를 변경하면 UI가 다시 그려집니다.

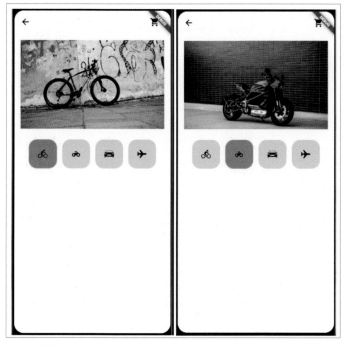

◆ 완성 화면

lib/components/shoppingcart_header.dart

```
import 'package:flutter/cupertino.dart';
import 'package:flutter/material.dart';
import 'package:flutter_shoppingcart/constants.dart';

class ShoppingCartHeader extends StatefulWidget {
  @override
  _ShoppingCartHeaderState createState() => _ShoppingCartHeaderState();
}

class _ShoppingCartHeaderState extends State<ShoppingCartHeader> {
```

```
int selectedId = 0;

List<String> selectedPic = [
  "assets/p1.jpeg",
  "assets/p2.jpeg",
  "assets/p3.jpeg",
  "assets/p4.jpeg",
];

@override
Widget build(BuildContext context) {
  return Column(
    children: [
      _buildHeaderPic(),
      _buildHeaderSelector(),
    ],
  ); // end of Column
}

Widget _buildHeaderPic() {
  return Padding(
    padding: const EdgeInsets.all(16.0),
    child: AspectRatio(
      aspectRatio: 5 / 3,
      child: Image.asset(
        selectedPic[selectedId],
        fit: BoxFit.cover,
      ),
    ),
  );
}

Widget _buildHeaderSelector() {
  return Padding(
    padding: const EdgeInsets.only(left: 30, right: 30, top: 10, bottom: 30),
    child: Row(
      mainAxisAlignment: MainAxisAlignment.spaceAround,
      children: [
        _buildHeaderSelectorButton(0, Icons.directions_bike),
        _buildHeaderSelectorButton(1, Icons.motorcycle),
        _buildHeaderSelectorButton(2, CupertinoIcons.car_detailed),
        _buildHeaderSelectorButton(3, CupertinoIcons.airplane),
      ],
    ),
  );
}

// 다른 화면에서도 재사용려면 공통 컴포넌트 위젯으로 관리하는 것이 좋다.
// 하지만 지금은 해당 화면에서만 재사용하기 때문에 함수로 만들었다.
Widget _buildHeaderSelectorButton(int id, IconData mIcon) {
```

```
    return Container(
      width: 70,
      height: 70,
      decoration: BoxDecoration(
        color: id == selectedId ? kAccentColor : kSecondaryColor,
        borderRadius: BorderRadius.circular(20),
      ),
      child: IconButton(
        icon: Icon(mIcon, color: Colors.black),
        onPressed: () {
          setState(() {
            selectedId = id;
          });
        },
      ),
    );
  }

} // end of _ShoppingCartHeaderState
```

쇼핑카트 디테일 만들기 – Stack 위젯과 Positioned 위젯

Stack 위젯은 여러 위젯을 겹치려는 경우에 사용합니다. Positioned 위젯은 여러 위젯이 겹쳐 있을 때 하위 위젯의 위치를 제어해야 하는 경우에 사용합니다. 즉 Positioned 위젯은 Stack 위젯과 함께 사용됩니다.

◆ 완성 화면

❶ 코드가 굉장히 길기 때문에 우선 뼈대를 작성해 봅니다.

```
lib/components/shoppingcart_detail.dart
import 'package:flutter/cupertino.dart';
import 'package:flutter/material.dart';
import 'package:flutter_shoppingcart/constants.dart';

class ShoppingCartDetail extends StatelessWidget {
  @override
  Widget build(BuildContext context) {
    return Container(
      decoration: BoxDecoration(
        color: Colors.white,
        borderRadius: BorderRadius.circular(40),
      ),
      child: Padding(
        padding: const EdgeInsets.all(30.0),
        child: Column(
          crossAxisAlignment: CrossAxisAlignment.start,
          children: [
            _buildDetailNameAndPrice(),
            _buildDetailRatingAndReviewCount(),
            _buildDetailColorOptions(),
            _buildDetailButton(context),
          ],
        ),
      ),
    ); // end of Container
  }

  Widget _buildDetailNameAndPrice() {
    return SizedBox();
  }

  Widget _buildDetailRatingAndReviewCount() {
    return SizedBox();
  }

  Widget _buildDetailColorOptions() {
    return SizedBox();
  }

  Widget _buildDetailIcon(IconData mIcon) {
    return SizedBox();
  }
```

```
  Widget _buildDetailButton(BuildContext context) {
    return SizedBox();
  }
}
```

❷ 코드를 완성시켜 봅니다.

```
import 'package:flutter/cupertino.dart';
import 'package:flutter/material.dart';
import 'package:flutter_shoppingcart/constants.dart';

class ShoppingCartDetail extends StatelessWidget {
  @override
  Widget build(BuildContext context) {
    return Container(
      decoration: BoxDecoration(
        color: Colors.white,
        borderRadius: BorderRadius.circular(40),
      ),
      child: Padding(
        padding: const EdgeInsets.all(30.0),
        child: Column(
          crossAxisAlignment: CrossAxisAlignment.start,
          children: [
            _buildDetailNameAndPrice(),
            _buildDetailRatingAndReviewCount(),
            _buildDetailColorOptions(),
            _buildDetailButton(context),
          ],
        ),
      ),
    );
  }

  Widget _buildDetailNameAndPrice() {
    return Padding(
      padding: EdgeInsets.only(bottom: 10),
      child: Row(
        // 1. spaceBetween 이 적용되면 양 끝으로 벌어진다.
        mainAxisAlignment: MainAxisAlignment.spaceBetween,
        children: [
          Text(
            "Urban Soft AL 10.0",
            style: TextStyle(
```

```dart
          fontSize: 18,
          fontWeight: FontWeight.bold,
        ),
      ),
      Text(
        "\$699",
        style: TextStyle(
          fontSize: 18,
          fontWeight: FontWeight.bold,
        ),
      )
    ],
  ),
); // end of Padding
}

Widget _buildDetailRatingAndReviewCount() {
  return Padding(
    padding: EdgeInsets.only(bottom: 20),
    child: Row(
      children: [
        Icon(Icons.star, color: Colors.yellow),
        Icon(Icons.star, color: Colors.yellow),
        Icon(Icons.star, color: Colors.yellow),
        Icon(Icons.star, color: Colors.yellow),
        Icon(Icons.star, color: Colors.yellow),
        // 2. Spacer()로 Icon위젯과 Text위젯을 양끝으로 벌릴 수 있다. spaceBetween과 동일
        Spacer(),
        Text("review "),
        Text("(26)", style: TextStyle(color: Colors.blue)),
      ],
    ),
  ); // end of Padding
}

Widget _buildDetailColorOptions() {
  return Padding(
    padding: EdgeInsets.only(bottom: 20),
    child: Column(
      crossAxisAlignment: CrossAxisAlignment.start,
      children: [
        Text("Color Options"),
        SizedBox(height: 10),
        Row(
          children: [
            // 3. 동일한 색상 아이콘을 재사용하기 위해 함수로 관리
```

```
            _buildDetailIcon(Colors.black),
            _buildDetailIcon(Colors.green),
            _buildDetailIcon(Colors.orange),
            _buildDetailIcon(Colors.grey),
            _buildDetailIcon(Colors.white),
          ],
        ),
      ],
    ),
  ); // end of Padding
}


// 4. 다른 화면에서도 재사용하면 공통 컴포넌트 위젯으로 관리하는 것이 좋다.
Widget _buildDetailIcon(Color mColor) {
  return Padding(
    padding: EdgeInsets.only(right: 10),
    // 5. Stack의 첫 번째 Container 위젯위에 Positioned 위젯이 올라가는 형태
    child: Stack(
      children: [
        Container(
          width: 50,
          height: 50,
          decoration: BoxDecoration(
            color: Colors.white,
            border: Border.all(),
            shape: BoxShape.circle,
          ),
        ),
        Positioned(
          left: 5,
          top: 5,
          child: ClipOval(
            child: Container(
              color: mColor,
              width: 40,
              height: 40,
            ),
          ),
        )
      ],
    ),
  ); // end of Padding
}


// 6. 다른 화면에서도 재사용하려면 함수가 아닌 공통 컴포넌트 위젯으로 관리하는 것이 좋다.
```

```
Widget _buildDetailButton(BuildContext context) {
  return Align(
    child: TextButton(
      onPressed: () {},
      style: TextButton.styleFrom(
        backgroundColor: kAccentColor,
        minimumSize: Size(300, 50),
        shape: RoundedRectangleBorder(
          borderRadius: BorderRadius.circular(20),
        ),
      ),
      child: Text(
        "Add to Cart",
        style: TextStyle(color: Colors.white),
      ),
    ),
  ); // end of Align
  }
}
```

쇼핑카트 디테일 만들기 – CupertinoAlertDialog 위젯

iOS 스타일의 경고 대화 상자입니다.

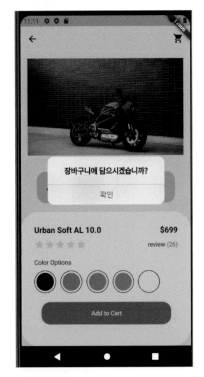

◆ 완성 화면

```
Widget _buildDetailButton(BuildContext context) {
  return Align(
    child: TextButton(
      onPressed: () {
        showCupertinoDialog(
          context: context,
          builder: (context) => CupertinoAlertDialog(
            title: Text("장바구니에 담으시겠습니까?"),
            actions: [
              CupertinoDialogAction(
                child: Text("확인"),
                onPressed: () {
                  Navigator.pop(context);
                },
              ),
            ],
          ),
        ); // end of showCupertinoDialog
      },
//...생략
```

showCupertinoDialog는 함수입니다. 해당 함수를 호출하게 되면 CupertinoAlertDialog 위젯이 화면에 팝업됩니다. 플러터는 MaterialApp에서 iOS의 디자인을 그릴 수 있습니다. 그 이유는 1장에서도 설명했듯이 Skia 엔진 덕분입니다.

CupertinoAlertDialog 위젯이 ShoppingCartPage 위젯 위에 팝업되었기 때문에 결국 다음 그림과 같은 구조가 됩니다.

◆ Stack으로 쌓이는 Dialog

팝업을 사라지게 하려면 Navigator.pop() 함수를 이용하여 Stack에서 제거하면 됩니다.

◆ Stack을 제거하는 pop() 함수

Flutter project

CHAPTER 09

모두의숙소 웹 만들기

이번 장에서는 플러터 웹에 대해서 배워보도록 하겠습니다.

09 _ 1 모두의숙소 웹 구조 살펴보기

모든 소스 코드는 https://github.com/flutter-coder/flutter-ui-book1 에 공개되어 있습니다.

Chrome 브라우저

◆ 모두의숙소 웹 완성 화면 – Chrome 빌드

안드로이드 에뮬레이터

◆ 모두의숙소 웹 완성 화면 – Android 에뮬레이터 빌드

화면 구조보기

이번 장에서는 세부적인 위젯을 살펴보지는 않을 것입니다. 대신 어떤 컴포넌트가 어느 부분에 사용되는지에 대해서 살펴보도록 하겠습니다. 9.2절에서 앱 뼈대를 만들면서 사용된 컴포넌트들과 이 부분을 비교해보세요.

◆ 모두의숙소 전체화면 구조 나누기

이 장에서는 모든 것들을 컴포넌트로 분리하여 작업하게 됩니다.

❶ home_header.dart

❷ home_body.dart

❸ home_header_appbar.dart

❹ home_header_form.dart

❺ home_body_banner.dart

❻ home_body_popular.dart

❼ common_form_field.dart

❽ home_body_popular_item.dart

> ❝ 컴포넌트는 독립적인 모듈입니다. 예를 들어 휴대폰에 배터리가 고장 나면 배터리만 교환하면 됩니다. 하지만 배터리를 컴포넌트로 분리시켜 두지 않으면 배터리가 고장 났을 때 휴대폰 자체를 교환해야 하는 일이 발생할 수 있습니다. 제품을 만드는 과정만 놓고 본다면 잘 만든 컴포넌트를 다른 곳에서 재사용하여 사용할 수 있고, 제품을 수정해야 하는 일이 발생했을 때는 문제가 있는 컴포넌트만 교체할 수 있는 장점이 있습니다.

플러터 프로젝트 생성하기

프로젝트 이름을 flutter_airbnb 로 설정합니다.

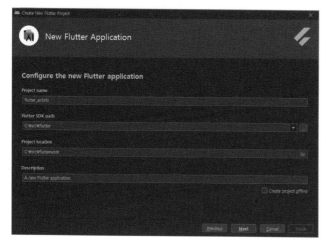

◆ Flutter 프로젝트 설정 화면

09 _ 2 모두의숙소 웹 뼈대 구성하기

웹 뼈대 구성하기에서는 아래의 작업 순서에 따라 프로젝트에 필요한 폴더와 파일을 생성하고 기본 프로젝트 설정을 해보겠습니다.

프로젝트 구조 세팅하기

작업 순서

❶ flutter_airbnb/assets 폴더 생성

❷ flutter_airbnb/assets 폴더에 이미지 추가

❸ lib/components 폴더 생성

❹ lib/components/common 폴더 생성

❺ lib/components/home 폴더 생성

❻ lib/components/home/home_header.dart 파일 추가

❼ lib/components/home/home_header_appbar.dart 파일 추가

❽ lib/components/home/home_header_form.dart 파일 추가

❾ lib/components/home/home_body.dart 파일 추가

❿ lib/components/home/home_body_banner.dart 파일 추가

⓫ lib/components/home/home_body_popular_item.dart 파일 추가

⓬ lib/components/home/home_body_popular.dart 파일 추가

⓭ lib/components/common/common_form_field.dart 파일 추가

⓮ lib/constants.dart 파일 추가

⓯ lib/size.dart 파일 추가

⓰ lib/styles.dart 파일 추가

⓱ lib/pages 폴더 생성

⓲ lib/pages/home_page.dart 파일 추가

◆ 프로젝트 구조

⓳ pubspec.yaml에서 이미지 파일과 폰트 파일 인식을 위한 자원 폴더 위치 설정

⓴ [Pub get] 버튼을 클릭하여 적용

```
40    flutter:
41
42      # The following line ensures that the Material Icons font is
43      # included with your application, so that you can use the icons in
44      # the material Icons class.
45      uses-material-design: true
46
47      # To add assets to your application, add an assets section, like this:
48      assets:
49        - assets/
50      #   - images/a_dot_ham.jpeg
```

◆ assets 설정 및 적용

> 66 웹이나 앱에는 여러 페이지가 있을 수 있습니다. 하나의 페이지에 사용되는 컴포넌트도 있지만 여러 페이지에서 사용되는 공통 적인 컴포넌트도 있습니다. common 폴더는 여러 페이지에서 사용되는 공통 컴포넌트를 관리하고 home 폴더는 HomePage에서 만 사용되는 컴포넌트를 관리합니다.

> 66 하나의 화면을 screen이라고 하는 개발자도 있고, page라고 하는 개발자도 있습니다. 정답은 없습니다.

기본 코드 작성하기

◆ 기본코드 완성 화면

작업 순서

❶ lib/constants.dart 파일 기본 코딩하기

❷ lib/size.dart 파일 기본 코딩하기

❸ lib/styles.dart 파일 기본 코딩하기

❹ lib/components/common/common_form_field.dart 파일 기본 코딩하기

❺ lib/components/home/home_header_appbar.dart 파일 기본 코딩하기

❻ lib/components/home/home_header_form.dart 파일 기본 코딩하기

❼ lib/components/home/home_header.dart 파일 기본 코딩하기

❽ lib/components/home/home_body_banner.dart 파일 기본 코딩하기

❾ lib/components/home/home_body_popular_item.dart 파일 기본 코딩하기

❿ lib/components/home/home_body_popular.dart 파일 기본 코딩하기

⓫ lib/components/home/home_body.dart 파일 기본 코딩하기

⓬ lib/pages/home_page.dart 파일 기본 코딩하기

⓭ lib/main.dart 파일 기본 코딩하기

⓮ Chrome 브라우저로 실행해보기

❶ lib/constants.dart 코드를 작성해봅시다.

```
lib/constants.dart

import 'package:flutter/material.dart';


// 색상을 정의합니다.
const kAccentColor = Color(0xFFFF385C);
```

❷ lib/size.dart 코드를 작성해봅시다.

```
lib/size.dart

import 'package:flutter/material.dart';


// 간격
const double gap_xl = 40;
const double gap_l = 30;
const double gap_m = 20;
const double gap_s = 10;
const double gap_xs = 5;


// 헤더 높이
const double header_height = 620;


// MediaQuery 클래스로 화면 사이즈를 받을 수 있다.
double getBodyWidth(BuildContext context) {
  return MediaQuery.of(context).size.width * 0.7;
}
```

❸ lib/styles.dart 코드를 작성해봅시다.

```
lib/styles.dart

import 'package:flutter/material.dart';


TextStyle h4({Color mColor = Colors.black}) {
  return TextStyle(fontSize: 34, fontWeight: FontWeight.bold, color: mColor);
}


TextStyle h5({Color mColor = Colors.black}) {
  return TextStyle(fontSize: 24, fontWeight: FontWeight.bold, color: mColor);
}


TextStyle subtitle1({Color mColor = Colors.black}) {
  return TextStyle(fontSize: 16, fontWeight: FontWeight.bold, color: mColor);
```

```
}

TextStyle subtitle2({Color mColor = Colors.black}) {
  return TextStyle(fontSize: 14, fontWeight: FontWeight.bold, color: mColor);
}

TextStyle overLine({Color mColor = Colors.black}) {
  return TextStyle(fontSize: 10, fontWeight: FontWeight.bold, color: mColor);
}

TextStyle body1({Color mColor = Colors.black}) {
  return TextStyle(fontSize: 16, color: mColor);
}
```

❹ lib/components/common/common_form_field.dart 코드를 작성해봅시다.

lib/components/common/common_form_field.dart

```
import 'package:flutter/material.dart';

class CommonFormField extends StatelessWidget {
  @override
  Widget build(BuildContext context) {
    return Container();
  }
}
```

❺ lib/components/home/home_header_appbar.dart 코드를 작성해봅시다.

lib/components/home/home_header_appbar.dart

```
import 'package:flutter/material.dart';
import 'package:flutter_airbnb/size.dart';

class HomeHeaderAppBar extends StatelessWidget {
  @override
  Widget build(BuildContext context) {
    return Padding(
      padding: const EdgeInsets.all(gap_m),
      child: Row(
        children: [
          _buildAppBarLogo(),
          Spacer(),
          _buildAppBarMenu(),
        ],
      ),
```

```
    );
  }

  Widget _buildAppBarLogo() {
    return SizedBox();
  }

  Widget _buildAppBarMenu() {
    return SizedBox();
  }
}
```

❻ lib/components/home/home_header_form.dart 코드를 작성해봅시다.

lib/components/home/home_header_form.dart

```
import 'package:flutter/material.dart';
import 'package:flutter_airbnb/size.dart';

class HomeHeaderForm extends StatelessWidget {
  @override
  Widget build(BuildContext context) {
    return Padding(
      padding: const EdgeInsets.only(top: gap_m), // 1. AppBar와 거리주기
      // 2. 정렬 위젯
      child: Align(
        // 3. -1.0 부터 1.0 까지 가로 범위에서 0.1의 값은 5%이다.
        alignment: Alignment(-0.6, 0),
        child: Container(
          width: 420,
          decoration: BoxDecoration(
            color: Colors.white,
            borderRadius: BorderRadius.circular(20),
          ),
          child: Form(
            child: Padding(
              padding: const EdgeInsets.all(gap_l), // 4. Form 내부 여백
              child: Column(
                children: [
                  _buildFormTitle(), // 5. Form 위젯 제목 영역
                  _buildFormField(), // 6. Form 위젯 Text 입력 양식 영역
                  _buildFormSubmit(), // 7. Form 위젯 전송 버튼 영역
                ],
              ),
            ),
          ),
        ),
      ),
    );
```

```
  }

  Widget _buildFormTitle() {
    return SizedBox();
  }

  Widget _buildFormField() {
    return SizedBox();
  }

  Widget _buildFormSubmit() {
    return SizedBox();
  }
}
```

❼ lib/components/home/home_header.dart 코드를 작성해봅시다.

lib/components/home/home_header.dart

```
import 'package:flutter/material.dart';
import 'package:flutter_airbnb/components/home/home_header_appbar.dart';
import 'package:flutter_airbnb/components/home/home_header_form.dart';
import 'package:flutter_airbnb/size.dart';

class HomeHeader extends StatelessWidget {
  @override
  Widget build(BuildContext context) {
    return SizedBox(
      width: double.infinity,
      height: header_height,
      child: Container(
        decoration: BoxDecoration(
          image: DecorationImage(
            image: AssetImage("assets/background.jpeg"),
            fit: BoxFit.cover,
          ),
        ),
        child: Column(
          children: [
            HomeHeaderAppBar(),
            HomeHeaderForm(),
          ],
        ),
      ),
    );
  }
}
```

❽ lib/components/home/home_body_banner.dart 코드를 작성해봅시다.

lib/components/home/home_body_banner.dart

```dart
import 'package:flutter/material.dart';
import 'package:flutter_airbnb/size.dart';

class HomeBodyBanner extends StatelessWidget {
  @override
  Widget build(BuildContext context) {
    return Padding(
      // 1. 상단에 마진을 준다.
      padding: const EdgeInsets.only(top: gap_m),
      // 2 이미지와 글자를 겹치게 하기 위해서 Stack 위젯을 사용한다.
      child: Stack(
        children: [
          _buildBannerImage(),
          _buildBannerCaption(),
        ],
      ),
    );
  }

  Widget _buildBannerImage() {
    return SizedBox();
  }

  Widget _buildBannerCaption() {
    return SizedBox();
  }
}
```

❾ lib/components/home/home_body_popular_item.dart 코드를 작성해봅시다.

lib/components/home/home_body_popular_item.dart

```dart
import 'package:flutter/material.dart';
import 'package:flutter_airbnb/size.dart';

class HomeBodyPopularItem extends StatelessWidget {
  final id;
  final popularList = [
    "p1.jpeg",
    "p2.jpeg",
    "p3.jpeg",
  ];
```

```dart
  HomeBodyPopularItem({required this.id});

  @override
  Widget build(BuildContext context) {
    // 1. 인기아이템은 전체화면의 70%의 1/3만큼의 사이즈의 -5 의 크기를 가진다.
    double popularItemWidth = getBodyWidth(context) / 3 - 5;

    return Padding(
      padding: const EdgeInsets.only(bottom: gap_xl),
      child: Container(
        // 2. 화면이 줄어들 때 너무 작게 줄어드는 것을 방지하기 위해 최소 제약조건을 잡아준다.
        constraints: BoxConstraints(
          minWidth: 320,
        ),
        child: SizedBox(
          width: popularItemWidth,
          child: Column(
            children: [
              _buildPopularItemImage(),
              _buildPopularItemStar(),
              _buildPopularItemComment(),
              _buildPopularItemUserInfo(),
            ],
          ),
        ),
      ),
    );
  }

  Widget _buildPopularItemImage() {
    return SizedBox();
  }

  Widget _buildPopularItemStar() {
    return SizedBox();
  }

  Widget _buildPopularItemComment() {
    return SizedBox();
  }

  Widget _buildPopularItemUserInfo() {
    return SizedBox();
  }
}
```

❿ lib/components/home/home_body_popular.dart 코드를 작성해봅시다.

lib/components/home/home_body_popular.dart

```
import 'package:flutter/material.dart';
import 'package:flutter_airbnb/components/home/home_body_popular_item.dart';
import 'package:flutter_airbnb/size.dart';

class HomeBodyPopular extends StatelessWidget {
  @override
  Widget build(BuildContext context) {
    return Padding(
      // 상단에 마진을 준다.
      padding: const EdgeInsets.only(top: gap_m),
      child: Column(
        crossAxisAlignment: CrossAxisAlignment.start,
        children: [
          _buildPopularTitle(),
          _buildPopularList(),
        ],
      ),
    );
  }

  Widget _buildPopularTitle() {
    return SizedBox();
  }

  Widget _buildPopularList() {
    // 1. 전체 화면사이즈를 1000이라고 가정하고 이해를 해보자.
    // 2. _buildPopularList의 넓이는 화면의 70%이니까 700이다.
    // 3. HomeBodyPopularItem의 넓이는 700의 1/3 인 233.33 - 5의 크기니까 총 228.33 이다.
    // 4. 228.33 의 인기 아이템이 3개가 배치되면 684.99 크기이고 남은 크기는 15.01이 남는다.
    // 5. 그래서 HomeBodyPopularItem 위젯 사이사이에 SizedBox를 7.5를 줄 수 있다.
    return Wrap(
      // 6. Wrap에 대한 설명은 아래 그림을 보세요.
      children: [
        HomeBodyPopularItem(id: 0), // 7. id 값은 사진을 선택하기 위해 필요하다.
        SizedBox(width: 7.5),
        HomeBodyPopularItem(id: 1),
        SizedBox(width: 7.5),
        HomeBodyPopularItem(id: 2),
      ],
    );
  }
}
```

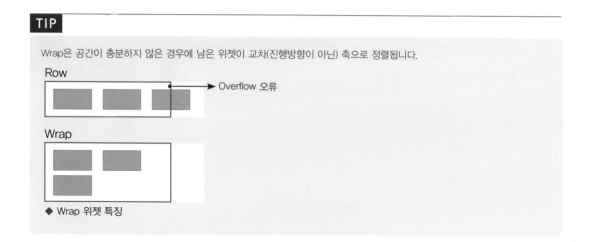

◆ Wrap 위젯 특징

⓫ lib/components/home/home_body.dart 코드를 작성해봅시다.

lib/components/home/home_body.dart

```dart
import 'package:flutter/material.dart';
import 'package:flutter_airbnb/components/home/home_body_banner.dart';
import 'package:flutter_airbnb/components/home/home_body_popular.dart';
import 'package:flutter_airbnb/size.dart';

class HomeBody extends StatelessWidget {
  @override
  Widget build(BuildContext context) {
    double bodyWidth = getBodyWidth(context);
    // 1. SizedBox 위젯을 가운데 정렬하기 위해서 Align을 사용한다. Center 위젯도 가능함.
    return Align(
      child: SizedBox(
        width: bodyWidth, // 2. 화면의 70프로만 차지하게 하려고 Column의 영역을 강제시킴.
        child: Column(
          children: [
            HomeBodyBanner(),
            HomeBodyPopular(),
          ],
        ),
      ),
    );
  }
}
```

⓬ lib/pages/home_page.dart 코드를 작성해봅시다.

lib/pages/home_page.dart

```
import 'package:flutter/material.dart';
import 'package:flutter_airbnb/components/home/home_body.dart';
import 'package:flutter_airbnb/components/home/home_header.dart';

class HomePage extends StatelessWidget {
  @override
  Widget build(BuildContext context) {
    return Scaffold(
      body: ListView(
        children: [
          HomeHeader(),
          HomeBody(),
        ],
      ),
    );
  }
}
```

⓭ lib/main.dart 코드를 작성합니다.

lib/main.dart

```
import 'package:flutter/material.dart';
import 'package:flutter_airbnb/pages/home_page.dart';

void main() {
  runApp(MyApp());
}

class MyApp extends StatelessWidget {
  @override
  Widget build(BuildContext context) {
    return MaterialApp(
      debugShowCheckedModeBanner: false,
      home: HomePage(),
    );
  }
}
```

⓮ Chrome 브라우저로 실행해보기

1 첫 번째 방법 에뮬레이터로 실행하기|Chrome(web)으로 선택한 뒤 세모버튼을 클릭하여 실행합니다.

◆ Chrome(web)으로 실행하기

2 두 번째 방법 Terminal을 열어서 빌드 후 웹서버로 실행하기

첫째, 터미널을 열고 다음과 같이 빌드 명령어를 실행합니다.

```
flutter build web
```

```
Terminal: Local    +
Microsoft Windows [Version 10.0.18363.1440]
(c) 2019 Microsoft Corporation. All rights reserved.

C:\flutterwork\src\flutter_airbnb\flutter_airbnb>flutter build web
```

◆ 터미널에서 web build하기

둘째, 빌드 된 폴더를 확인해봅니다.

```
내 프로젝트 폴더 - build - web
```

내 PC › 로컬 디스크 (C:) › flutterwork › src › flutter_airbnb › flutter_airbnb › build › web			
이름 ^	수정한 날짜	유형	크기
assets	2021-04-14 오후 5:06	파일 폴더	
icons	2021-04-14 오후 5:06	파일 폴더	
.last_build_id	2021-04-14 오후 5:06	LAST_BUILD_ID ...	1KB
favicon.png	2021-01-26 오전 4:44	PNG 파일	1KB
flutter_service_worker.js	2021-04-14 오후 5:06	JavaScript 파일	7KB
index.html	2021-04-14 오후 5:06	Chrome HTML D...	2KB
main.dart.js	2021-04-14 오후 5:06	JavaScript 파일	1,446KB
manifest.json	2021-04-14 오전 11:21	JSON 파일	1KB
version.json	2021-04-14 오후 5:06	JSON 파일	1KB

◆ build된 파일 확인해보기

셋째, index.html을 더블 클릭하면 실행이 되지 않습니다. Apache 같은 웹 서버를 설치해서 실행하면 잘 실행됩니다.

> ❝ 웹서버를 한 번도 사용해보지 않았다면 VScode 툴을 다운 받은 뒤 플러그인에서 live-server를 설치하고 실행할 수 있습니다.

09 _ 3 모두의숙소 웹 만들어보기

작업 순서

❶ 헤더에 AppBar 만들기

❷ 헤더에 Form에 추가할 CommonFormField 만들기

❸ 헤더에 Form 만들기

❹ 바디에 Banner 만들기

❺ 바디 Popular에 추가할 HomeBodyPopularItem 만들기

❻ 바디에 Popular 완성하기

❼ MediaQuery를 활용하여 HomeHeaderForm 가운데 정렬

❽ 안드로이드 에뮬레이터로 실행해보기

헤더에 AppBar 만들기

◆ 완성 화면

---

lib/components/home/home_header_appbar.dart

```dart
//...생략
Widget _buildAppBarLogo() {
  return Row(
    children: [
      Image.asset("assets/logo.png", width: 30, height: 30, color: kAccentColor),
      SizedBox(width: gap_s),
      Text("RoomOfAll", style: h5(mColor: Colors.white)),
    ],
  ); // end of Row
```

```
}

Widget _buildAppBarMenu() {
  return Row(
    children: [
      // 1. 클릭을 이벤트를 원하면 InkWell 이나 TextButton 위젯을 사용하면 됩니다.
      Text("회원가입", style: subtitle1(mColor: Colors.white)),
      SizedBox(width: gap_m),
      Text("로그인", style: subtitle1(mColor: Colors.white)),
    ],
  ); // end of Row
}
//...생략
```

헤더에 Form에 추가할 CommonFormField 만들기

해당 파일을 완성한 뒤 다음 절의 헤더에 Form 만들기를 완성해야 실행 및 확인이 가능합니다.

lib/components/common/common_form_field.dart

```
import 'package:flutter/material.dart';
import 'package:flutter_airbnb/styles.dart';

class CommonFormField extends StatelessWidget {
  final prefixText;
  final hintText;

  // required 키워드는 선택적 매개변수 {} 안에서 꼭 받아야 하는 값을 설정할 수 있습니다.
  const CommonFormField({required this.prefixText, required this.hintText});

  @override
  Widget build(BuildContext context) {
    return Stack(
      children: [
        TextFormField(
          textAlignVertical: TextAlignVertical.bottom, // 2. TextFormField 내부 세로 정렬
          decoration: InputDecoration(
            // 3. TextFormField 내부에 패딩을 줄 수 있습니다.
            contentPadding: EdgeInsets.only(top: 30, left: 20, bottom: 10),
            hintText: hintText,
            border: OutlineInputBorder(
              borderRadius: BorderRadius.circular(10),
            ),
            focusedBorder: OutlineInputBorder(
              borderRadius: BorderRadius.circular(10),
              borderSide: BorderSide(
                color: Colors.black,
                width: 2,
```

```
            ),
          ),
        ),
      ),
      // 4. Positioned를 사용한 이유는 TextFormField 공간에 글자를 삽입하기 위해서 입니다.
      Positioned(
        top: 8,
        left: 20,
        child: Text(
          prefixText,
          style: overLine(),
        ),
      ),
    ],
  );
  }
}
```

헤더에 Form 만들기

◆ 완성 화면

❶ _buildFormTitle() 만들기

> # 모두의숙소에서 숙소를
> # 검색하세요.
>
> 혼자하는 여행에 적합한 개인실부터 여럿이 함께하는
> 여행에 좋은 '공간전체' 숙소까지, 모두의숙소에 다 있습
> 니다.

◆ _buildFormTitle() 완성 화면

lib/components/home/home_header_form.dart

```
//...생략
Widget _buildFormTitle() {
  return Column(
    children: [
      Text(
        "모두의숙소에서 숙소를 검색하세요.",
        style: h4(),
      ),
      SizedBox(height: gap_xs),
      Text(
        "혼자하는 여행에 적합한 개인실부터 여럿이 함께하는 여행에 좋은 '공간전체' 숙소까지, 모두의숙소에 다 있습니다.",
        style: body1(),
      ),
      SizedBox(height: gap_m),
    ],
  ); // end of Column
}
//...생략
```

❷ _buildFormField() 만들기

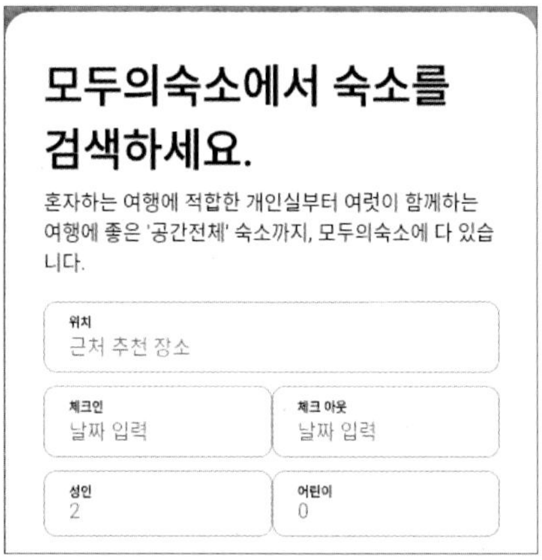

◆ _buildFormField() 완성 화면

lib/components/home/home_header_form.dart

```
//...생략
Widget _buildFormField() {
  return Column(
    children: [
      CommonFormField(
        prefixText: "위치",
        hintText: "근처 추천 장소",
      ),
      SizedBox(height: gap_s),
      Row(
```

```
            children: [
              Expanded(
                  child: CommonFormField(
                prefixText: "체크인",
                hintText: "날짜 입력",
              )),
              Expanded(
                  child: CommonFormField(
                prefixText: "체크 아웃",
                hintText: "날짜 입력",
              )),
            ],
          ),
          SizedBox(height: gap_s),
          Row(
            children: [
              Expanded(
                  child: CommonFormField(
                prefixText: "성인",
                hintText: "2",
              )),
              Expanded(
                  child: CommonFormField(
                prefixText: "어린이",
                hintText: "0",
              )),
            ],
          ),
          SizedBox(height: gap_m),
      ],
    ); // end of Column
}
```

❸ _buildFormSubmit() 만들기

모두의숙소에서 숙소를
검색하세요.

혼자하는 여행에 적합한 개인실부터 여럿이 함께하는
여행에 좋은 '공간전체' 숙소까지, 모두의숙소에 다 있습
니다.

위치
근처 추천 장소

체크인
날짜 입력

체크 아웃
날짜 입력

성인
2

어린이
0

검색

◆ _buildFormSubmit() 완성 화면

```
//...생략
Widget _buildFormSubmit() {
  return SizedBox(
    width: double.infinity,
    height: 50,
    child: TextButton(
      style: TextButton.styleFrom(
          backgroundColor: kAccentColor,
          shape: RoundedRectangleBorder(
            borderRadius: BorderRadius.circular(10),
          )),
      onPressed: () {
        print("서브밋 클릭됨");
      },
      child: Text(
        "검색",
        style: subtitle1(mColor: Colors.white),
      ),
    ),
  ); // end of SizedBox
}
//...생략
```

바디에 Banner 만들기

◆ 완성 화면

```
import 'package:flutter/material.dart';
import 'package:flutter_airbnb/size.dart';
import 'package:flutter_airbnb/styles.dart';

class HomeBodyBanner extends StatelessWidget {
```

```dart
@override
Widget build(BuildContext context) {
  return Padding(
    // 1. 상단에 마진을 준다.
    padding: const EdgeInsets.only(top: gap_m),
    // 2 이미지와 글자를 겹치게 하기 위해서 Stack 위젯을 사용한다.
    child: Stack(
      children: [
        _buildBannerImage(),
        _buildBannerCaption(),
      ],
    ),
  );
}

Widget _buildBannerImage() {
  return ClipRRect( // 3. 이미지 모서리 둥글게
    borderRadius: BorderRadius.circular(20),
    child: Image.asset(
      "assets/banner.jpg",
      fit: BoxFit.cover,
      width: double.infinity,
      height: 320,
    ),
  ); // end of ClipRRect
}

Widget _buildBannerCaption() {
  return Positioned( // 4. Stack 위젯 내부에 위치 설정을 위해
    top: 40,
    left: 40,
    child: Column(
      crossAxisAlignment: CrossAxisAlignment.start,
      children: [
        Container(
          constraints: BoxConstraints( // 5. 글자 범위 최대 제약 조건 주기
            maxWidth: 250,
          ),
          child: Text(
            "이제, 여행은 가까운 곳에서",
            style: h4(mColor: Colors.white),
          ),
        ),
        SizedBox(height: gap_m),
        Container(
          constraints: BoxConstraints(
            maxWidth: 250,
          ),
          child: Text(
            "새로운 공간에 머물러 보세요. 살아보기, 출장, 여행 등 다양한 목적에 맞는 숙소를 찾아보세요.",
```

```
            style: subtitle1(mColor: Colors.white),
          ),
        ),
        SizedBox(height: gap_m),
        SizedBox(
          height: 35,
          width: 170,
          child: TextButton(
            style: TextButton.styleFrom(
              backgroundColor: Colors.white,
              shape: RoundedRectangleBorder(
                borderRadius: BorderRadius.circular(5),
              ),
            ),
            onPressed: () {},
            child: Text(
              "가까운 여행지 둘러보기",
              style: subtitle2(),
            ),
          ),
        ),
      ],
    ),
  ); // end of Positioned
 }
}
```

바디 Popular에 추가할 HomeBodyPopularItem 만들기

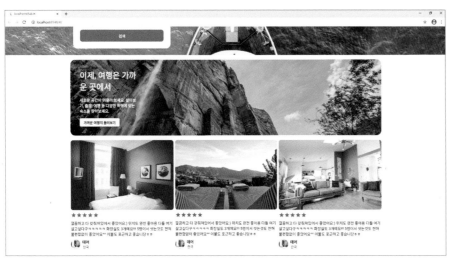

◆ 완성 화면

❶ _buildPopularItemImage() 만들기

인기 아이템의 사진이 전체 화면 영역의 70프로에서 1/3씩 차지하고 있습니다.

◆ 인기 아이템 하나의 영역 = (전체화면넓이*0.7)/3

웹 브라우저의 넓이를 작게 해보겠습니다. Wrap 위젯 덕분에 인기 아이템이 아래로 정렬되는 것을 볼 수 있습니다.

◆ Wrap 위젯을 사용하면 아래로 정렬됨

---

lib/components/home/home_body_popular_item.dart

```
//...생략
Widget _buildPopularItemImage() {
  return Column(
    children: [
      ClipRRect(
        borderRadius: BorderRadius.circular(10),
        child: Image.asset("assets/${popularList[id]}", fit: BoxFit.cover),
      ),
```

```
      SizedBox(height: gap_s),
    ],
  ); // end of Column
}
//...생략
```

❷ _buildPopularItemStar() 만들기

◆ _buildPopularItemStar() 완성 화면

lib/components/home/home_body_popular_item.dart

```
import 'package:flutter_airbnb/constants.dart';
//...생략
Widget _buildPopularItemStar() {
  return Column(
    children: [
      Row(
        children: [
          Icon(Icons.star, color: kAccentColor),
          Icon(Icons.star, color: kAccentColor),
          Icon(Icons.star, color: kAccentColor),
          Icon(Icons.star, color: kAccentColor),
          Icon(Icons.star, color: kAccentColor),
        ],
      ),
      SizedBox(height: gap_s),
    ],
  ); // end of Column
}
//...생략
```

❸ _buildPopularItemComment() 만들기

◆ _buildPopularItemComment() 완성 화면

---

lib/components/home/home_body_popular_item.dart

```dart
import 'package:flutter_airbnb/styles.dart';
//...생략
Widget _buildPopularItemComment() {
  return Column(
    children: [
      Text(
        "깔끔하고 다 갖춰져있어서 좋았어요:) 위치도 완전 좋아용 다들 여기 살고싶다구ㅋㅋㅋㅋㅋ 화장실
도 3개예요!!! 5명이서 씻는것도 전혀 불편함없이 좋았어요^^ 이불도 포근하고 좋습니당ㅎㅎ",
        style: body1(),
        maxLines: 3, // 2. 글자 라인을 제한할 수 있다.
        overflow: TextOverflow.ellipsis, // 3. 글자가 3 라인을 벗어나면 ... 처리된다.
      ),
      SizedBox(height: gap_s),
    ],
  ); // end of Column
}
//...생략
```

❹ _buildPopularItemUserInfo() 만들기

◆ _buildPopularItemUserInfo() 완성 화면

```dart
//...생략
Widget _buildPopularItemUserInfo() {
  return Row(
    children: [
      CircleAvatar(
        backgroundImage: AssetImage("assets/p1.jpeg"),
      ),
      SizedBox(width: gap_s),
      Column(
        children: [
          Text(
            "데어",
            style: subtitle1(),
          ),
          Text("한국"),
        ],
      )
    ],
  ); // end of Row
}
//...생략
```

바디에 Popular 완성하기

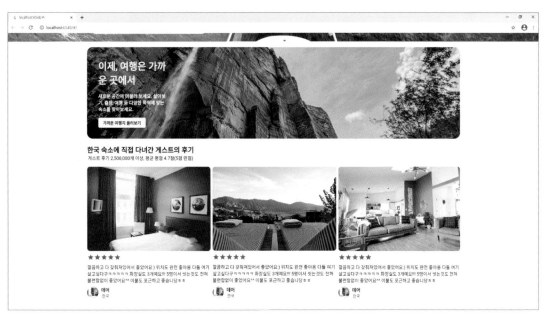

◆ 완성 화면 – Popular 영역에 제목과 부제목

```
//...생략
Widget _buildPopularTitle() {
  return Column(
    children: [
      Text(
        "한국 숙소에 직접 다녀간 게스트의 후기",
        style: h5(),
      ),
      Text(
        "게스트 후기 2,500,000개 이상, 평균 평점 4.7점(5점 만점)",
        style: body1(),
      ),
      SizedBox(height: gap_m),
    ],
  ); // end of Column
}
//...생략
```

MediaQuery를 활용하여 HomeHeaderForm 가운데 정렬

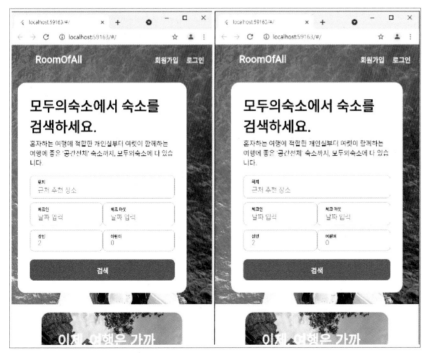

◆ MediaQuery를 활용한 반응형 웹

```
//...생략
class HomeHeaderForm extends StatelessWidget {
  @override
  Widget build(BuildContext context) {
    double screenWidth = MediaQuery.of(context).size.width;
    return Padding(
      padding: const EdgeInsets.only(top: gap_m),
      child: Align(
        alignment: screenWidth < 520 ? Alignment(0, 0) : Alignment(-0.6, 0),
        child: Container(
          width: 420,
          decoration: BoxDecoration(
            color: Colors.white,
            borderRadius: BorderRadius.circular(20),
          ),
          child: Form(
//...생략
```

안드로이드 에뮬레이터로 실행해보기

◆ Android 에뮬레이터로 실행

◆ Android 에뮬레이터로 실행

◆ Android 에뮬레이터로 실행

F lutter project

CHAPTER 10

모두의채팅 앱 UI 만들기

이번 장에서는 채팅앱을 만들어 보겠습니다. 지금까지 배운 위젯들을 이용한 여러 화면으로 구성되며 추가로 IndexedStack 위젯을 이용하여 화면 간 이동을 해보게 됩니다 모든 소스 코드는 https://github.com/flutter-coder/flutter-ui-book1 에 공개되어 있습니다.

◆ 친구 완성 화면

◆ 프로필 완성 화면

◆ 채팅 완성 화면

◆ 채팅방 완성 화면

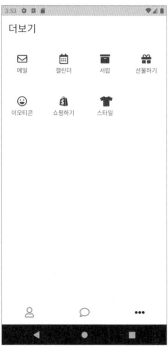

◆ 더보기 완성 화면

10 _ 1 앱 뼈대 만들기

해당 소스 코드는 https://github.com/flutter-coder/flutter-ui-book1/tree/master/flutter_
kakao/flutter_kakao_01 에 공개되어 있습니다.
프로젝트를 만들어 주세요. 이름은 flutter_kakao 로 하겠습니다.

> **작업 순서**

❶ 폴더 및 파일 만들기
❷ pubspec.yaml 파일 설정하기
❸ main_screen.dart에 기본 코드 입력하기
❹ main.dart 파일 완성하기

❝ 각 장마다 작업 순서를 명시 했습니다. 프로그래밍을 할 때나 학습에 있어 작업에 흐름을 알고 만드는 것이 매우 중요합니다.
현재 작업하는 부분이 어떤 부분인가 꼭 상기하면서 학습을 진행해 봅시다.

폴더 및 파일 만들기

앱에 코드를 한곳에 모두 작성하는 것은 정말 길고 지저분해질 수 있습니다. 가독성 및 재사용을 위
해 위젯이나 코드들을 별도의 폴더와 파일로 나누는 것이 좋습니다. 아래와 같은 구조로 폴더와 파
일들을 만들어 봅시다.

```
lib
  - components
  - models
  - screens
main.dart
```

◆ 폴더 구조

pubspec.yaml 파일 설정하기

flutter_kakao / pubspec.yaml

```
name: flutter_kakao    // 프로젝트의 이름을 명시합니다.
description: A new Flutter application.
...
version: 1.0.0+1   // 이 앱의 버전을 명시합니다.

environment:
  sdk: ">=2.12.0 <3.0.0"  //❶ Dart 버전을 나타내고 Null safety를 사용할 수 있는 버전입니다.
```

```
dependencies:
  flutter:
    sdk: flutter


  # The following adds the Cupertino Icons font to your application.
  # Use with the CupertinoIcons class for iOS style icons.
  cupertino_icons: ^1.0.2  // iOS 스타일의 아이콘을 사용할 수 있게 합니다.
  font_awesome_flutter: ^9.0.0  //❷ 앱에서 사용할 수 있는 아이콘을 제공합니다.
  intl: ^0.17.0   //❸ DateFormat, NumberFormat 등 다양한 기능을 제공합니다.


dev_dependencies:
  flutter_test:
    sdk: flutter
```

❶ sdk 버전을 확인해 주세요. 2.12.0 보다 아래 버전이라면 위와 같이 수정해주세요.
❷ font_awesome_flutter 패키지를 추가 합니다.
❸ intl 패키지를 추가 합니다.

main_screen.dart 기본 코드 작성

이 앱의 메인 화면이 될 파일입니다. 앞서 만들었던 lib / screens 폴더 아래 main_screen.dart 파일을 만들고 기본 코드를 입력해 봅시다. Android Studio에서 "stf"를 입력하고 자동완성 기능을 이용하면 더욱 편리합니다.

```dart
import 'package:flutter/material.dart';

class MainScreen extends StatefulWidget {
  @override
  _MainScreenState createState() => _MainScreenState();
}


class _MainScreenState extends State<MainScreen> {
  @override
  Widget build(BuildContext context) {
    return Scaffold(
      body: Center(
        child: Text("MainScreen"),
      ),
    );
  }
}
```

main.dart 파일 완성하기

```dart
import 'package:flutter_kakao/screens/main_screen.dart';
import 'package:flutter/material.dart';

void main() {
  runApp(MyApp());
}

class MyApp extends StatelessWidget {
  @override
  Widget build(BuildContext context) {
    return MaterialApp(
      debugShowCheckedModeBanner: false,
      theme: ThemeData(
        appBarTheme: AppBarTheme(
          elevation: 0.0, // ❶
          backgroundColor: Colors.white,
          textTheme: TextTheme(
            headline6: TextStyle(color: Colors.black, fontSize: 24), // ❷
          ),
          iconTheme: IconThemeData(color: Colors.black),
        ),
```

```
        ),
        home: MainScreen(),
      );
    }
  }
```

❶ 앱바 하단의 그림자 효과를 제거하기 위해 elevation을 0.0으로 지정합니다.
❷ TextTheme의 headline6 속성을 이용하여 앱바의 title의 기본 스타일을 변경합니다.

10 _ 2 메인 화면 만들기

해당 소스 코드는 https://github.com/flutter-coder/flutter-ui-book1/tree/master/flutter_
kakao/flutter_kakao_02 에 공개되어 있습니다.

작업 순서

❶ MainScreen 위젯 기본 코드 작성하기
❷ IndexedStack의 하위 위젯 만들기
❸ MainScreen 위젯 완성하기

MainScreen 위젯 기본 코드 작성하기

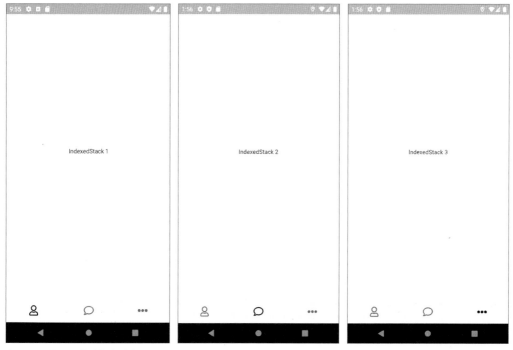

IndexedStack 1　　　　IndexedStack 2　　　　IndexedStack 3

◆ IndexedStack이 적용된 화면

MainScreen에서 제일 중요한 두 위젯은 IndexedStack 위젯과 BottomNavigationBar 위젯입니다. 이 두 위젯을 활용해서 사용자가 하단 아이콘 버튼을 눌렀을 때 위젯들의 상태가 변경되는 화면을 만들어 봅시다. 앱 뼈대 만들기에서 작업했던 main_screen.dart 파일을 열고 다음과 같이 코드를 작성해 봅시다.

lib / screens / main_screen.dart

```
import 'package:flutter/material.dart';
import 'package:font_awesome_flutter/font_awesome_flutter.dart';

class MainScreen extends StatefulWidget {
  @override
  _MainScreenState createState() => _MainScreenState();
}

class _MainScreenState extends State<MainScreen> {
  int _selectedIndex = 0;

  @override
  Widget build(BuildContext context) {
    return Scaffold(
```

```
      body: IndexedStack( // ❶
        index: _selectedIndex, // ❷
        children: [
          Center(child: Text("IndexedStack 1")),
          Center(child: Text("IndexedStack 2")),
          Center(child: Text("IndexedStack 3")),
        ],
      ),
      bottomNavigationBar: BottomNavigationBar(
        showSelectedLabels: false,
        showUnselectedLabels: false,
        currentIndex: _selectedIndex,
        backgroundColor: Colors.grey[100],
        selectedItemColor: Colors.black,
        unselectedItemColor: Colors.black54,
        onTap: (index) { // ❸
          setState(() {
            _selectedIndex = index;
          });
        },
        items: [
          BottomNavigationBarItem(
            icon: Icon(FontAwesomeIcons.user),
            label: "",
          ),
          BottomNavigationBarItem(
            icon: Icon(FontAwesomeIcons.comment),
            label: "",
          ),
          BottomNavigationBarItem(
            icon: Icon(FontAwesomeIcons.ellipsisH),
            label: "",
          ),
        ],
      ),
    );
  }
}
```

❶ 여러 페이지로 이동하기 위해 사용합니다. TV의 채널을 변경하는 것과 유사하며, 현재 인덱스에 해당하는 하나의 위젯만 보여집니다.

❷ IndexedStack의 현재 Index값을 나타냅니다. Index는 0부터 시작하며 items의 1번째에 대응합니다. BottomNavigationBar의 아이콘이 선택될때마다 Index가 변경되며 해당 Index에 대응하는 화면이 보여지게 됩니다.

❸ onTap은 선택된 아이콘의 Index번호를 알려줍니다. 이 값을 _selectedIndex에 저장하여 IndexedStack한테 어느 화면을 보여줘야 하는지 알려줍니다.

IndexedStack의 하위 위젯 만들기

◆ chat, friend, more_screen 세 위젯이 추가된 모습

MainScreen을 구성하기 위해선 IndexedStack의 하위 위젯으로 친구, 채팅, 더보기 위젯 세개가 필요합니다. screens폴더에 dart파일을 생성 후 기본 코드만 넣어 보겠습니다.

❶ friend_screen.dart 파일 만들기

앱을 처음 실행시키거나 BottomNavigatonBar의 사람 아이콘을 선택하면 사용되는 위젯입니다. 해당 화면에서는 친구 목록을 보여주게 됩니다.

lib / screens / friend_screen.dart

```
import 'package:flutter/material.dart';

class FriendScreen extends StatelessWidget {
  @override
  Widget build(BuildContext context) {
    return Center(
      child: Text("FriendScreen"),
    );
  }
}
```

❷ chat_screen.dart 파일 만들기

BottomNavigatonBar의 말풍선 아이콘을 선택하면 사용되는 위젯입니다. 해당 화면에서는 채팅방 목록을 보여주게 됩니다.

lib / screens / chat_screen.dart

```
import 'package:flutter/material.dart';

class ChatScreen extends StatelessWidget {
  @override
  Widget build(BuildContext context) {
    return Center(
      child: Text("ChatScreen"),
    );
  }
}
```

❸ more_screen.dart 파일 만들기

BottomNavigatonBar의 … 아이콘을 선택하면 사용되는 위젯입니다. 해당 화면에서는 여러 아이콘들을 모아서 보여주게 됩니다.

```
lib / screens / more_screen.dart
```

```dart
import 'package:flutter/material.dart';

class MoreScreen extends StatelessWidget {
  @override
  Widget build(BuildContext context) {
    return Center(
      child: Text("MoreScreen"),
    );
  }
}
```

MainScreens 위젯 완성하기

main_screen.dart 파일을 다시 열어서 앞서 만든 위젯들을 IndexedStack의 children에 추가해 보겠습니다.

```
lib / screens / main_screen.dart
```

```dart
@override
  Widget build(BuildContext context) {
    return Scaffold(
      body: IndexedStack(
        index: _selectedIndex,
        children: [
          FriendScreen(),
          ChatScreen(),
          MoreScreen(),
        ],
      ),
      ...
```

여기까지 작성했다면 BottomNavigationBar의 아이콘을 선택했을 때, 앱 중앙에 IndexedStack 1,2,3 대신에 FriendScreen, ChatScreen, MoreScreen 출력되면 정상입니다.

10 _ 3 친구 화면 만들기

해당 소스 코드는 https://github.com/flutter-coder/flutter-ui-book1/tree/master/flutter_
kakao/flutter_kakao_03 에 공개되어 있습니다.

◆ 친구 완성 화면

작업 순서

❶ User 샘플 데이터 만들기
❷ FriendScreen 기본 코드 입력하기
❸ ProfileCard 위젯 만들기
❹ FriendScreen 완성하기

User 샘플 데이터 만들기

친구 화면에서 샘플로 사용할 User 데이터를 작성합니다. 해당 파일은 https://github.com/
flutter-coder/flutter-ui-book1/tree/master/flutter_kakao/flutter_kakao_03 에서 내려받거
나 복사하는 것을 권장합니다. User 클래스는 배경이미지 Url, 이름, 소개 세 속성으로 구성되어 있
습니다.

```dart
class User {
  final String backgroundImage;
  final String name;
  final String intro;

  User(
      {required this.backgroundImage,
       required this.name,
       required this.intro});
}

final String _urlPrefix =
    "https://raw.githubusercontent.com/flutter-coder/ui_images/master/messenger";

User me = User(
  backgroundImage: "${_urlPrefix}_me.jpg",
  name: "김철수",
  intro: "고통없이는 얻는 것도 없다.",
);

List<User> friends = [
  User(
    backgroundImage: "${_urlPrefix}_man_1.jpg",
    name: "홍길동",
    intro: "아버지라 불러도 되겠습니까",
  ),
  User(
    backgroundImage: "${_urlPrefix}_woman_1.jpg",
    name: "정도전",
    intro: "앞이 보이겠습니까",
  ),
  User(
    backgroundImage: "${_urlPrefix}_man_2.jpg",
    name: "박태수",
    intro: "지금 어디에 와 있을까",
  ),
  User(
    backgroundImage: "${_urlPrefix}_woman_2.jpg",
    name: "김상중",
    intro: "그런데 말입니다.",
  ),
  User(
    backgroundImage: "${_urlPrefix}_man_3.jpg",
    name: "김두한",
```

```
      intro: "4딸라",
    ),
    User(
      backgroundImage: "${_urlPrefix}_woman_3.jpg",
      name: "심영",
      intro: "내가 고자라니",
    ),
    User(
      backgroundImage: "${_urlPrefix}_man_4.jpg",
      name: "교강용",
      intro: "더 이상의 자세한 설명은 생략한다.",
    ),
    User(
      backgroundImage: "${_urlPrefix}_woman_4.jpg",
      name: "김환희",
      intro: "뭣이 중헌디",
    ),
    User(
      backgroundImage: "${_urlPrefix}_man_5.jpg",
      name: "뚱이",
      intro: "아뇨, 뚱인데요?",
    ),
    User(
      backgroundImage: "${_urlPrefix}_woman_5.jpg",
      name: "김주원",
      intro: "이게 최선입니까 확실해요?",
    ),
  ];
```

FriendScreen 기본 코드 입력하기

간단히 앱바의 타이틀과 배경색만 작성합니다.

lib / screens / firend_screen.dart

```
import 'package:flutter/material.dart';

class FriendScreen extends StatelessWidget {
  @override
  Widget build(BuildContext context) {
    return Scaffold(
      backgroundColor: Colors.white,
      appBar: AppBar(title: Text("친구"))
      ...
```

ProfileCard 위젯 만들기

> ❝ ListTile 위젯은 양측의 아이콘과 가운데 1~3 줄의 텍스트로 구성되어 있는 위젯
> 입니다. 텍스트는 title, subtitle 등 속성을 이용하여 제목과 설명을 붙일 수 있습니다.
> ListView와 함께 자주 쓰이며 상품 이미지, 상품 설명, 더보기 아이콘과 같은 형태로
> 많이 활용됩니다.

◆ ProfileCard 위젯

프로필 카드는 이미지와 이름, 소개 3가지로 구성되어 있으며 ListTile 위젯을 이용하여 쉽게 구현이
가능합니다. 친구 화면에서는 계속해서 재사용되는 위젯이기에 components 폴더에 별개의 파일로
빼내어 작성합니다.

```
lib / components / profile_card.dart
import 'package:flutter_kakao/models/user.dart';
import 'package:flutter/material.dart';

class ProfileCard extends StatelessWidget {
  const ProfileCard({
    Key? key,
    required this.user,
  }) : super(key: key);

  final User user;

  @override
  Widget build(BuildContext context) {
    return InkWell(
      onTap: () {},
      child: ListTile(
        leading: CircleAvatar(
          radius: 20,
```

```
          backgroundImage: NetworkImage(
            user.backgroundImage,
          ),
        ),
        title: Text(
          user.name,
          style: TextStyle(
            fontWeight: FontWeight.bold,
            fontSize: 16,
          ),
        ),
        subtitle: Text(
          user.intro,
          style: TextStyle(fontSize: 12),
        ),
      ),
    );
  }
}
```

FriendScreen 완성하기

이전에 작성한 ProfileCard를 활용하여 FriendScreen의 남은 부분을 완성해보겠습니다.

lib / screens / firend_screen.dart

```
import 'package:flutter_kakao/components/profile_card.dart';
import 'package:flutter_kakao/models/user.dart';
import 'package:flutter/material.dart';

class FriendScreen extends StatelessWidget {
  @override
  Widget build(BuildContext context) {
    return Scaffold(
      ...
      body: Column(
        children: [
          const SizedBox(height: 10),
          ProfileCard(user: me),
          Divider(),
          Padding(
            padding: const EdgeInsets.symmetric(horizontal: 20, vertical: 10),
            child: Row(
              children: [
                Text("친구"),
                const SizedBox(width: 6),
                Text("${friends.length}"),
```

```
          ],
        ),
      ),
      Expanded(
        child: ListView(
          children: List.generate(
            friends.length,
            (index) => ProfileCard(user: friends[index]),
          ),
        ),
      )
    ],
  ), // end of Column
);
  }
}
```

10 _ 4 프로필 화면 만들기

해당 소스 코드는 https://github.com/flutter-coder/flutter-ui-book1/tree/master/flutter_
kakao/flutter_kakao_04 에 공개되어 있습니다.

◆ 프로필 완성된 화면

❶ ProfileScreen 생성하기

❷ ProfileCard에 탭 이벤트 넣기

❸ 앱 화면 전체에 배경 넣기

❹ 앱바 만들기

❺ If로 하단 아이콘 작성하기

❻ ProfileScreen 완성하기

ProfileScreen 생성하기

screens 폴더에 profile_screen.dart를 생성한 후 기본적인 코드를 작성합니다.

lib / screens / profile_screen.dart

```dart
import 'package:flutter_kakao/models/user.dart';
import 'package:flutter/material.dart';

class ProfileScreen extends StatelessWidget {
  const ProfileScreen({Key? key, required this.user}) : super(key: key);

  final User user; // ❶

  @override
  Widget build(BuildContext context) {
    return Scaffold(
      body: Center(child: Text("ProfileScreen")),
    );
  }
}
```

❶ 프로필 화면은 해당 유저의 정보가 필요한 화면입니다. 친구 화면에서 프로필 화면으로 이동할 때 User를 인수로 받습니다.

ProfileCard에 탭 이벤트 넣기

친구 화면에서 ProfileCard를 터치하면 ProfileScreen으로 이동하게 됩니다. 이를 구현하기 위해 ProfileCard의 Inkwell 위젯에 onTap 이벤트를 작성합니다. 기존에 작성된 코드 중 Inkwell의 onTap만 다음과 같이 수정합니다.

```
@override
  Widget build(BuildContext context) {
    return Padding(
      padding: const EdgeInsets.symmetric(horizontal: 20),
      child: InkWell(
        onTap: () {
          Navigator.push(
            context,
            MaterialPageRoute(
              builder: (context) => ProfileScreen(user: user), // ❶
            ),
          );
        },
        ...
```

❶ ProfileScreen에서 보여줄 User 정보를 인수로 넘겨줍니다.

이제 친구 화면에서 ProfileCard를 터치했을 때 화면 중앙에 ProfileScreen이 출력되게 됩니다.

앱 화면 전체에 배경 넣기

ProfileScreen의 배경은 앱 전체를 영역으로 합니다. 이를 위해 Scaffold에 배경을 지정하는 것이 아닌 Container로 Scaffold를 감싼 후 배경을 지정해줍니다.

```
@override
  Widget build(BuildContext context) {
    return Container(
      decoration: BoxDecoration(
        image: DecorationImage(
          image: NetworkImage(user.backgroundImage),
          fit: BoxFit.fitHeight, // ❶
        ),
      ),
      child: Scaffold(
        backgroundColor: Colors.transparent, // ❷
        ...
```

❶ 높이에 맞춰 이미지를 확대 혹은 축소하기 위해 fitHeight를 사용했습니다. 다른 속성으로 바꿔보면서 차이점을 확인해 보는 것도 좋습니다.

❷ Scaffold가 배경을 가리지 않도록 투명하게 바꿔줍니다. 이후에 작업할 앱바에도 배경을 투명으로 바꿔주게 됩니다.

앱바 만들기

◆ 앱바가 추가된 모습

❶ RoundIconButton 위젯 만들기

앱바의 우측에 위치한 아이콘을 재사용하기 위해 components에 작성합니다.

lib / components / round_icon_button.dart

```
import 'package:flutter/material.dart';

class RoundIconButton extends StatelessWidget {
  const RoundIconButton({
    Key? key,
    required this.icon,
  }) : super(key: key);
  final IconData icon;

  @override
  Widget build(BuildContext context) {
    return Container(
      width: 32,
      height: 32,
      decoration: BoxDecoration(
        shape: BoxShape.circle,
        border: Border.all(
```

```
        width: 1,
        color: Colors.white,
      ),
    ),
    child: Icon(
      icon,
      size: 17,
      color: Colors.white,
    ),
  );
  }
}
```

❷ 앱바 작성하기

위에서 만든 RoundIconButton을 이용하여 앱바를 작성합니다.

lib / screens / profile_screen.dart

```
@override
  Widget build(BuildContext context) {
    return Container(
      ...
      child: Scaffold(
        backgroundColor: Colors.transparent,
        appBar: AppBar(
          backgroundColor: Colors.transparent, // ❶
          leading: IconButton(
            icon: Icon(
              FontAwesomeIcons.times,
              size: 30,
              color: Colors.white,
            ),
            onPressed: () {
              Navigator.pop(context);
            },
          ),
          actions: [
            RoundIconButton(icon: FontAwesomeIcons.gift),
            SizedBox(width: 15),
            RoundIconButton(icon: FontAwesomeIcons.cog),
            SizedBox(width: 20),
          ],
        ), // end of AppBar
```

❶ 앱바가 배경을 가리지 않도록 투명하게 바꿔줍니다.

If로 하단 아이콘 작성하기

◆ 내 프로필 화면

◆ 친구 프로필 화면

ProfileScreen은 나의 프로필일 때와 친구의 프로필일 때 하단의 아이콘에 차이가 있습니다. 간단히 If를 이용하여 인수로 넘어온 이름이 내 이름과 동일하면 나의 프로필 화면, 다르면 친구의 프로필 화면으로 인식하도록 하겠습니다. 먼저 하단의 재사용되는 아이콘부터 생성하겠습니다.

lib / components / bottom_icon_button.dart

```dart
import 'package:flutter/material.dart';

class BottomIconButton extends StatelessWidget {
  const BottomIconButton({
    Key? key,
    required this.icon,
    required this.text,
  }) : super(key: key);
  final IconData icon;
  final String text;

  @override
  Widget build(BuildContext context) {
    return Column(
      children: [
        Icon(
```

```
      icon,
      color: Colors.white,
      size: 25,
    ),
    SizedBox(
      height: 10,
    ),
    Text(
      text,
      style: TextStyle(
        color: Colors.white,
        fontSize: 12,
      ),
    )
  ],
  );
  }
}
```

이제 ProfileScreen의 최하단에 나의 아이콘과 친구 아이콘을 리턴해주는 함수 2가지를 추가합니다.

```
Widget _buildMyIcons() {
    return Padding(
      padding: EdgeInsets.symmetric(vertical: 18),
      child: Row(
        mainAxisAlignment: MainAxisAlignment.center,
        children: [
          BottomIconButton(
            icon: FontAwesomeIcons.comment,
            text: "나와의 채팅",
          ),
          SizedBox(
            width: 50,
          ),
          BottomIconButton(
            icon: FontAwesomeIcons.pen,
            text: "프로필 편집",
          ),
        ],
      ),
    );
  }
```

```
Widget _buildFriendIcons() {
  return Padding(
    padding: EdgeInsets.symmetric(vertical: 18),
    child: Row(
      mainAxisAlignment: MainAxisAlignment.center,
      children: [
        BottomIconButton(
          icon: FontAwesomeIcons.comment,
          text: "1:1채팅",
        ),
        SizedBox(
          width: 50,
        ),
        BottomIconButton(
          icon: FontAwesomeIcons.phone,
          text: "통화하기",
        ),
      ],
    ),
  );
}
```

> 처음부터 함수로 빼서 작성할 수도 있지만 실제 개발 단계에서는 본문에 코드를 작성한 후 리팩터링 도구를 활용하여 함수로 추출하는 경우가 많습니다.

마지막으로 Scaffold의 body 안에 If문을 작성합니다.

lib / screens / profile_screen.dart

```
@override
  Widget build(BuildContext context) {
    return Container(
      ...
      child: Scaffold(
        ...
        body: Column(
          children: [
            Spacer(),
            if (user.name == me.name) _buildMyIcons() else _buildFriendIcons(),
          ],
        ), // end of Column
      ),
    );
  }
```

ProfileScreen 완성하기

Spacer와 if문 사이에 남은 코드를 입력하여 ProfileScreen을 완성하겠습니다.

lib / screens / profile_screen.dart

```
//...생략
Container(
  width: 110,
  height: 110,
  decoration: BoxDecoration(
    shape: BoxShape.circle,
    image: DecorationImage(
        image: NetworkImage(user.backgroundImage),
        fit: BoxFit.cover),
  ),
),
SizedBox(height: 8),
Text(
  user.name,
  style: TextStyle(
    color: Colors.white,
    fontSize: 20,
  ),
),
SizedBox(height: 5),
Text(
  user.intro,
  style: TextStyle(
    color: Colors.white,
    fontSize: 15,
  ),
  maxLines: 1,
),
SizedBox(height: 20),
Divider(color: Colors.white),
//...생략
```

10 _ 5 채팅 리스트 화면 만들기

해당 소스 코드는 https://github.com/flutter-coder/flutter-ui-book1/tree/master/flutter_kakao/flutter_kakao_05 에 공개되어 있습니다.

◆ 채팅 리스트 완성된 화면

작업 순서

❶ 채팅방 샘플 데이터 만들기
❷ ChatCard 위젯 만들기
❸ ChatScreen 완성하기

채팅방 샘플 데이터 만들기

채팅방 화면에서 보여줄 채팅 내용인 Chat 샘플 데이터를 작성합니다. 해당 파일은 User 샘플과 마찬가지로 https://github.com/flutter-coder/flutter-ui-book1/tree/master/flutter_kakao/flutter_kakao_05 에서 내려받거나 복사하는 것을 권장합니다. 채팅방 클래스는 참여자 이미지, 채팅방 이름, 대화 내용, 작성시간, 채팅 개수로 구성되어 있습니다.

```dart
class Chat {
  final String image;
  final String title;
  final String content;
  final String time;
  final String count;

  Chat(
      {required this.image,
      required this.title,
      required this.content,
      required this.time,
      required this.count});
}

final String _urlPrefix =
    "https://raw.githubusercontent.com/flutter-coder/ui_images/master/messenger";

List<Chat> chats = [
  Chat(
    image: "${_urlPrefix}_man_1.jpg",
    title: "홍길동",
    content: "오늘 저녁에 시간 되시나요?",
    time: "오후 11:00",
    count: "0",
  ),
  Chat(
    image: "${_urlPrefix}_woman_1.jpg",
    title: "정도전",
    content: "오늘 날씨가 참 맑네요.",
    time: "오전 09:30",
    count: "1",
  ),
];
```

ChatCard 위젯 만들기

◆ 채팅방 위젯이 추가된 모습

ChatCard는 사용자가 참여중인 채팅방을 보여주는 위젯입니다. ChatCard는 재사용되는 위젯이기에 components로 빼서 작성합니다.

lib / components / chat_card.dart

```dart
import 'package:flutter_kakao/models/chat.dart';
import 'package:flutter/material.dart';

class ChatCard extends StatelessWidget {
  const ChatCard({
    Key? key,
    required this.chat,
  }) : super(key: key);

  final Chat chat;

  @override
  Widget build(BuildContext context) {
    return InkWell(
      onTap: () {},
      child: Padding(
        padding: const EdgeInsets.symmetric(horizontal: 20, vertical: 8),
        child: Row(
```

```
      children: [
        Expanded(
          child: ListTile(
            leading: CircleAvatar(
              radius: 25,
              backgroundImage: NetworkImage(chat.image),
            ),
            title: Text(
              chat.title,
              style: TextStyle(
                fontWeight: FontWeight.w600,
                fontSize: 16,
              ),
            ),
            subtitle: Text(chat.content),
            contentPadding: const EdgeInsets.all(0),
          ),
        ),
        Column(
          children: [
            Text(
              chat.time,
              style: TextStyle(color: Color(0xFFa5a5a5), fontSize: 12),
            ),
            SizedBox(
              height: 5,
            ),
            if (chat.count != "0") // ❶
              Container(
                padding:
                    const EdgeInsets.symmetric(horizontal: 6, vertical: 2),
                decoration: BoxDecoration(
                    borderRadius: BorderRadius.circular(20),
                    color: Color(0xFFde6344)),
                child: Text(
                  chat.count,
                  style: TextStyle(color: Colors.white, fontSize: 12),
                ),
              )
          ],
        ),
      ],
    ),
  ),
);
}
```

❶ 읽지 않은 메시지가 존재할 때만 메시지 개수를 알려주는 위젯을 노출합니다.

ChatScreen 완성하기

앱바와 함께 위에서 작성한 ChatCard를 ListView를 이용하여 나열해줍시다.

lib / screens / chat_screen.dart

```dart
import 'package:flutter_kakao/components/chat_card.dart';
import 'package:flutter_kakao/models/chat.dart';
import 'package:flutter/material.dart';

class ChatScreen extends StatelessWidget {
  @override
  Widget build(BuildContext context) {
    return Scaffold(
      backgroundColor: Colors.white,
      appBar: AppBar(
        title: Text("채팅"),
      ),
      body: ListView(
        children: List.generate(
          chats.length,
          (index) => ChatCard(chat: chats[index]),
        ),
      ),
    );
  }
}
```

10 _ 6 채팅 화면 만들기

해당 소스 코드는 https://github.com/flutter-coder/flutter-ui-book1/tree/master/flutter_
kakao/flutter_kakao_06 에 공개되어 있습니다.

작업 순서

❶ ChatRoomScreen 생성하기

❷ ChatCard에 탭 이벤트 넣기

❸ 배경 및 앱바 작성하기

❹ TimeLine 위젯 작성하기

❺ OtherChat 위젯 작성하기

❻. MyChat 위젯 작성하기

❼ 채팅입력 UI 구현하기

ChatRoomScreen 생성하기

screens 폴더에 chat_room_screen.dart를 생성한 후 기본적인 코드를 작성합니다.

```
lib / screens / chat_room_screen.dart

import 'package:flutter/material.dart';

class ChatRoomScreen extends StatefulWidget {
  @override
  _ChatRoomScreenState createState() => _ChatRoomScreenState();
}

class _ChatRoomScreenState extends State<ChatRoomScreen> {
  @override
  Widget build(BuildContext context) {
    return Scaffold(body: Center(child: Text("ChatRoomScreen")));
  }
}
```

ChatCard에 탭 이벤트 넣기

채팅 리스트 화면에서 ChatCard를 터치하면 ChatRoomScreen으로 이동하게 됩니다. 이를 구현하기 위해 이전에 친구 화면에서 했던 것과 같이 ChatCard의 Inkwell 위젯에 onTap 이벤트를 작성합니다. 기존에 작성된 코드 중 Inkwell의 onTap만 다음과 같이 수정합니다.

```
lib / components / chat_card.dart

  @override
  Widget build(BuildContext context) {
    return InkWell(
      onTap: () {
        Navigator.push(
          context,
          MaterialPageRoute(
            builder: (context) => ChatRoomScreen(),
          ),
        );
      },
      child: Container(
        ...
```

이제 ChatCard를 터치했을 때 ChatRoomScreen으로 정상적으로 넘어가는지 확인했다면 다음으로 넘어가서 본격적으로 작성합니다.

배경 및 앱바 작성하기

◆ 앱바와 배경이 적용된 모습

ChatRoomScreen의 배경 역시 이전에 작업한 ProfileScreen처럼 앱 전체를 배경으로 지정해보겠습니다. 이어서 앱바까지 작성하도록 하겠습니다.

lib / screens / chat_room_screen.dart

```
@override
  Widget build(BuildContext context) {
    return Container(
      color: Color(0xFFb2c7da),
      child: Scaffold(
        backgroundColor: Colors.transparent, // ❶
        appBar: AppBar(
          backgroundColor: Colors.transparent, // ❶
          title: Text(
            "홍길동",
            style: Theme.of(context).textTheme.headline6,
          ),
          actions: [
            Icon(FontAwesomeIcons.search, size: 20),
            SizedBox(width: 25),
            Icon(FontAwesomeIcons.bars, size: 20),
            SizedBox(width: 25),
          ],
        ),
        ...
```

❶ Scaffold가 배경을 가리지 않도록 투명색으로 처리해주는 것을 잊지 맙시다.

TimeLine 위젯 작성하기

◆ TimeLine 위젯이 적용된 모습

날짜를 알려주는 TimeLine 위젯을 작성해 보겠습니다. 이 위젯은 날짜가 바뀔 때마다 재사용되는 위젯이기에 components로 빼서 작성하겠습니다.

```
lib / components / time_line.dart

import 'package:flutter/material.dart';

class TimeLine extends StatelessWidget {
  final String time;

  const TimeLine({Key? key, required this.time}) : super(key: key);

  @override
  Widget build(BuildContext context) {
    return Container(
      padding: const EdgeInsets.all(7),
      decoration: BoxDecoration(
        borderRadius: BorderRadius.circular(15),
        color: Color(0xFF9cafbe),
      ),
      child: Text(
        time,
        style: TextStyle(color: Colors.white),
      ),
    );
  }
}
```

TimeLine 위젯을 완성했다면 ChatRoomScreen으로 돌아가서 화면에 띄워보겠습니다. Column의 width는 TimeLine만큼만 잡혀있기에 좌측에 쏠려있는 것처럼 보입니다. 추후 Column의 width가 늘어나게 되면 자연스럽게 위치가 잡힐 것입니다.

```
lib / screens / chat_room_screen.dart

import 'package:flutter/material.dart';
import 'package:flutter_kakao/components/TimeLine.dart';
import 'package:font_awesome_flutter/font_awesome_flutter.dart';

class ChatRoomScreen extends StatefulWidget {
  @override
  _ChatRoomScreenState createState() => _ChatRoomScreenState();
}

class _ChatRoomScreenState extends State<ChatRoomScreen> {
  @override
  Widget build(BuildContext context) {
    return Scaffold(
      body: Container(
        color: Color(0xFFb2c7da),
```

```
      child: Scaffold(
        //...생략
        body: Column(
          children: [
            Expanded(
              child: SingleChildScrollView(
                child: Column(
                  children: [
                    TimeLine(time: "2021년 1월 1일 금요일"),
                  ],
                ),
              ),
            ),
          ],
        ),
      ),
    ),
  );
}
}
```

OtherChat 위젯 작성하기

◆ OtherChat 위젯이 적용된 모습

내가 작성한 채팅과 상대방이 작성한 채팅은 각각 다른 모양을 가지고 있습니다. 우선 상대방이 작성한 채팅을 보여주는 위젯부터 작성하겠습니다.

```
import 'package:flutter_kakao/models/user.dart';
import 'package:flutter/material.dart';

class OtherChat extends StatelessWidget {
  const OtherChat({
    Key? key,
    required this.name,
    required this.text,
    required this.time,
  }) : super(key: key);

  final String name;
  final String text;
  final String time;

  @override
  Widget build(BuildContext context) {
    return Padding(
      padding: const EdgeInsets.symmetric(vertical: 10.0),
      child: Row(
        children: [
          CircleAvatar(
            backgroundImage: NetworkImage(friends[0].backgroundImage), // ❶
          ),
          SizedBox(width: 10),
          Flexible(
            child: Column(
              crossAxisAlignment: CrossAxisAlignment.start,
              children: [
                Text(name),
                Container(
                  child: Text(text),
                  padding: EdgeInsets.all(8),
                  decoration: BoxDecoration(
                    borderRadius: BorderRadius.circular(13),
                    color: Colors.white,
                  ),
                )
              ],
            ),
          ),
          SizedBox(
            width: 5,
          ),
          Text(time, style: TextStyle(fontSize: 12))
        ],
      ),
    );
  }
}
```

❶ 나를 구현하기 위해 User 샘플 데이터에서 이미지를 하나 들고 왔습니다.

MyChat 위젯 작성하기

◆ MyChat 위젯이 적용된 모습

내가 작성한 채팅을 보여주는 위젯입니다.

lib / components / my_chat.dart

```dart
import 'package:flutter/material.dart';

class MyChat extends StatelessWidget {
  const MyChat({
    Key? key,
    required this.text,
    required this.time,
  }) : super(key: key);

  final String text;
  final String time;

  @override
  Widget build(BuildContext context) {
    return Padding(
      padding: const EdgeInsets.symmetric(vertical: 10.0),
      child: Row(
        mainAxisAlignment: MainAxisAlignment.end,
        children: [
```

```
          Text(time, style: TextStyle(fontSize: 12)),
          SizedBox(width: 5),
          Flexible(
            child: Container(
              padding: const EdgeInsets.all(8),
              decoration: BoxDecoration(
                borderRadius: BorderRadius.circular(13),
                color: Color(0xFFfeec34),
              ),
              child: Text(text),
            ),
          )
        ],
      ),
    );
  }
}
```

채팅입력 UI 구현하기

◆ 채팅 입력 UI가 적용된 모습

❶ 중간 화면 구현하기

우선 지금까지 작성한 위젯들을 이용하여 화면을 구성해 보겠습니다. 추가로 내가 입력한 글을 화면에 출력하는 것을 도와줄 변수 2가지를 미리 선언해두겠습니다. SingleChildScrollView와 Column 사이에 Padding이 추가되어 있는 점을 유의해서 작업합니다.

```
lib / screens / chat_room_screen.dart
```

```dart
class _ChatRoomScreenState extends State<ChatRoomScreen> {
  final List<MyChat> chats = []; // ❶
  final TextEditingController _textController = TextEditingController(); // ❷

  @override
  Widget build(BuildContext context) {
    return Container(
      color: Color(0xFFb2c7da),
      child: Scaffold(
        ...
        body: Column(
          children: [
            Expanded(
              child: SingleChildScrollView(
                child: Padding(
                  padding: const EdgeInsets.symmetric(horizontal: 16.0),
                  child: Column(
                    children: [
                      TimeLine(time: "2021년 1월 1일 금요일"),
                      OtherChat(
                        name: "홍길동",
                        text: "새해 복 많이 받으세요.",
                        time: "오전 10:10",
                      ),
                      MyChat(
                        text: "선생님도 많이 받으십시오.",
                        time: "오후 2:15",
                      ),
                      ...List.generate(chats.length, (index) => chats[index]), // ❸
                    ],
                  ),
                ),
              ),
            ),
          ],
        ), // end of Column
      ),
    );
  }
}
```

❶ 내가 입력한 글을 저장해 둘 리스트입니다.

❷ 내가 입력한 글을 제어하기 위한 컨트롤러입니다. 이 앱에선 글 입력 후 완료 버튼을 누르면 입력 칸을 비워주기 위해 사용하게 됩니다.

❸ 이후 만들 채팅 입력 UI를 이용하여 chats에 새 글이 추가되면 화면에 나열해줍니다.

이제 채팅을 입력할 수 있는 위젯을 작성한 후 내가 입력한 글이 화면에 그려질 수 있도록 해봅시다.

❷ ChatIconButton 위젯 작성하기

채팅 입력 UI에는 아이콘이 3가지가 포함되어 있습니다. 재사용하기 위해 components 폴더에 위젯을 작성하겠습니다.

lib / components / chat_icon_button.dart

```dart
import 'package:flutter/material.dart';

class ChatIconButton extends StatelessWidget {
  const ChatIconButton({
    Key? key,
    required this.icon,
  }) : super(key: key);
  final Icon icon;

  @override
  Widget build(BuildContext context) {
    return IconButton(
      padding: EdgeInsets.symmetric(horizontal: 15),
      icon: icon,
      iconSize: 25,
      onPressed: () {},
    );
  }
}
```

❸ 채팅 입력 UI 작성하기

위에서 작성한 ChatRoomScreen 코드에 이어서 작성하겠습니다. Expanded 위젯이 끝난 다음부터 작성합니다.

lib / screens / chat_room_screen.dart

```dart
    Container(
      height: 60,
      color: Colors.white,
      child: Row(
```

```
         children: [
           ChatIconButton(icon: Icon(FontAwesomeIcons.plusSquare)),
           Expanded(
             child: Container(
               child: TextField(
                 controller: _textController, // ❶
                 maxLines: 1,
                 style: TextStyle(fontSize: 20),
                 decoration: InputDecoration(
                   focusedBorder: InputBorder.none,
                   enabledBorder: InputBorder.none,
                 ),
                 onSubmitted: _handleSubmitted, // ❷
               ),
             ),
           ),
           ChatIconButton(icon: Icon(FontAwesomeIcons.smile)),
           ChatIconButton(icon: Icon(FontAwesomeIcons.cog)),
         ],
       ),
     ), // end of Container
```

❶ 위에서 미리 작성해둔 컨트롤러입니다. _textcontroller를 이용하면 다른 곳에서 해당 TextField에 접근할 수 있습니다.
❷ 글을 입력한 후 완료 버튼을 눌렀을 때 일어나는 이벤트입니다. 해당 함수는 밑에서 바로 이어서 작성합니다.

❹ TextField Submit 이벤트 함수 작성하기

글을 입력한 후 완료 버튼을 누르면 내가 입력한 글을 비워줌과 동시에 나의 채팅 글 리스트에 추가합니다.

lib / screens / chat_room_screen.dart

```
//...생략
   } // end of build
   void _handleSubmitted(text) {
     _textController.clear(); // ❶

     setState(() { // ❷
       chats.add(
         MyChat(
           text: text,
           time: DateFormat("a K:m") // ❸
               .format(new DateTime.now())
```

```
                .replaceAll("AM", "오전")
                .replaceAll("PM", "오후"),
        ),
      );
    });
  }
} // end of _ChatRoomScreenState
```

❶ _textcontroller를 이용하여 내가 입력한 글을 비워줍니다.

❷ setState를 이용하여 새로 작성한 글을 chats에 추가함과 동시에 화면에 그려지도록 합니다.

❸ intl 패키지를 이용한 날짜 포맷입니다. 기본적으로 영어만 지원하기 때문에 AM, PM을 한글로 바꿔주었습니다.

이제 TextField에 글을 입력하게 되면 다음과 같이 글이 화면에 등록됩니다.

◆ Hello World를 입력한 모습

10 _ 7 더보기 화면 만들기

해당 소스 코드는 https://github.com/flutter-coder/flutter-ui-book1/tree/master/flutter_
kakao/flutter_kakao_07 에 공개되어 있습니다.

◆ 더보기 완성된 화면

작업 순서

❶ 탭 샘플 데이터 만들기
❷ MoreScreen 완성하기

탭 샘플 데이터 만들기

더보기 화면에서 샘플로 사용할 탭 데이터를 작성합니다. 해당 파일은 https://github.com/
flutter-coder/flutter-ui-book1/tree/master/flutter_kakao/flutter_kakao_07 에서 내려받을
수 있습니다.

```dart
import 'package:flutter/material.dart';
import 'package:font_awesome_flutter/font_awesome_flutter.dart';

class Tab {
  final IconData icon;
  final String text;

  Tab({
    required this.icon,
    required this.text,
  });
}

List<Tab> tabs = [
  Tab(icon: FontAwesomeIcons.envelope, text: "메일"),
  Tab(icon: FontAwesomeIcons.calendarAlt, text: "캘린더"),
  Tab(icon: FontAwesomeIcons.archive, text: "서랍"),
  Tab(icon: FontAwesomeIcons.gift, text: "선물하기"),
  Tab(icon: FontAwesomeIcons.laugh, text: "이모티콘"),
  Tab(icon: FontAwesomeIcons.shopify, text: "쇼핑하기"),
  Tab(icon: FontAwesomeIcons.tshirt, text: "스타일"),
];
```

MoreScreen 완성하기

```dart
import 'package:flutter/material.dart';
import 'package:flutter_kakao/models/tab.dart';

class MoreScreen extends StatelessWidget {
  @override
  Widget build(BuildContext context) {
    return Scaffold(
      backgroundColor: Colors.white,
      appBar: AppBar(
        title: Text("더보기"),
      ),
      body: Padding(
        padding: const EdgeInsets.only(top: 30),
        child: GridView.count(
          crossAxisCount: 4, // ❶
          children: List.generate(
```

```
              tabs.length,
              (index) => Column(
                children: [
                  Icon(tabs[index].icon),
                  SizedBox(height: 5),
                  Text(tabs[index].text),
                ],
              ),
            ),
          ),
        ),
      );
    }
  }
```

❶ 한 줄에 아이템을 4개 출력하도록 지정합니다.

Flutter project

APPENDIX

유튜브 무료 강의
_GetX란?

- 유튜브 채널 – 데어프로그래밍
- 재생 목록 – 플러터 GetX 상태 관리
- https://youtu.be/LAlrWQgt_rA

GetX 상태 관리는 플러터 UI 입문 책에 담기에는 초보자에게 어려운 내용이고 버전이 변경될 때마다 변경되는 부분이 많아 유튜브에 무료로 동영상 강의를 제공합니다.

GetX

GetX는 Flutter를 위한 매우 가볍고 강력한 솔루션입니다. 상태 관리와 종속성 주입 그리고 경로 관리를 제공하며 FutureBuilder를 통해 통신 데이터를 관리할 필요가 없어집니다.

1. 라이브러리 다운

https://pub.dev/packages/get

2. 사용방법

MaterialApp을 GetMaterialApp으로만 변경하면 사용할 수 있습니다.

```
void main() => runApp(GetMaterialApp(home: Home()));
```

3. 상태 관리와 종속성 주입

StatefulWIdget을 사용하여 상태 관리를 할 필요가 없습니다. 모든 위젯이 StatelessWidget 이어도 상태 관리가 가능합니다. 위젯을 통해 자식에게 전달하는 상태전달이 필요 없습니다. 즉, 전역 상태 관리가 가능하며 상태가 필요하면 어디에서든지 주입받아서 사용할 수 있습니다. 그리고 한번 주입받은 객체를 관리할 수 있습니다.

상태 관리 예시

```
class Controller extends GetxController{
  final title = ''.obs;
  final isLogin = false.obs;
  final num = 0.obs;
  final mList = <String>[].obs;
  final mMap = <String, int>{}.obs;

  final user = User().obs;
  final users = <User>[].obs;
```

```
class UserController extends GetxController {
  final UserRepository userRepository = UserRepository();
  final user = User().obs;
  final token = "".obs;

  Future<void> login(String username, String password) async {
    String token = await userRepository.login(username, password);
    this.token.value = token;
    jwtToken = {"Authorization": token};
  }
}
```

- 종속성 주입 예시

```
final Controller c = Get.find();
```

- 종속성 관리 예시

```
Controller controller = Get.put(Controller());
```

4. 경로 관리

경로 관리를 할 때 Navigator를 사용할 필요도 없고 context를 넘겨줄 필요도 없습니다. 한마디로 코드가 간결해지고 쉬워집니다.

```
Get.to(NextScreen());
Get.toNamed('/details');
Get.back();
Get.off(NextScreen());
Get.offAll(NextScreen());
```

5. FutureBuilder

외부와 통신하여 데이터를 다운 받아서 그림을 그리는 앱을 상상해봅시다. 데이터 다운로드는 무거운 이벤트입니다. 이때 스레드를 하나만 사용하는 Dart에서는 비동기 처리가 필요합니다. 비동기 처리를 하지 않으면 그림이 그려지다가 통신하는 코드에서 잠시 멈추는 현상이 발생하기 때문입니다. 데이터 응답이 완료되는 시점에 해당 데이터를 이용하여 그림을 그리기 위해서는 다운로드 이벤트를 이벤트 루프에 넣어서 지속적으로 관찰하여 다운로드가 다 되었는지 확인이 필요합니다. 데이터 응답이 완료되면 플러터에서는 FutureBuilder를 통해 Promise(약속) 데이터를 처리할 수 있습니다. 하지만 GetX는 FutureBuilder 없이 데이터 처리가 가능합니다.

6. Obx 함수

GetX를 사용하면 Observer 패턴을 활용하여 상태를 지속적으로 관찰할 수 있습니다.

```
var name = 'Jonatas Borges'.obs;
```

이때 Obx 함수를 사용합니다.

```
Obx(() => Text("${controller.name}"));
```

상태가 변경되면 UI를 다시 그릴 수 있습니다. 즉 데이터 응답이 완료되지 않은 시점에는 상태가 null이기 때문에 그림이 그려지지 않지만, 다운로드가 완료되면 상태가 변경되어 그림이 그려지게 됩니다. 지속적으로 데이터를 관찰할 수 있기 때문에 다운로드가 완료된 뒤 추후 데이터가 변경되어도 그림이 다시 그려지게 됩니다. 그리고 해당 상태는 전역적으로 관리되기 때문에 어느 위젯에서도 접근하여 사용할 수 있습니다.

7. UI와 비즈니스 로직의 분리

GetX를 사용하면 기본적으로 깨끗한 코드를 사용하여 애플리케이션을 만들 수 있습니다. 유지 보수를 쉽게 할 수 있을 뿐만 아니라, 프리젠테이션, 비즈니스, 모델을 완벽히 분리하여 프로그래밍할 수 있습니다.

8. GetConnect

Http 통신을 지원합니다.

GetConnect 예시

```
import 'package:get/get_connect/connect.dart';

const host = "http://192.168.0.5:8080";

class UserProvider extends GetConnect {
  // Get request
  Future<Response> findAll() => get('$host/user');
  // Get request
  Future<Response> findById(int id) => get('$host/user/$id');
  // Post request
  Future<Response> login(Map data) => post('$host/login', data);
  // Post request
  Future<Response> save(Map data) => post('$host/user', data);
}
```

모두가 할 수 있는
플러터 UI 실전

클론 코딩으로 최신 트렌디한 3가지 앱 UI 만들기

272쪽 | 김근호, 최주호, 황승준 공저 | 17,700원

추천 서적

JSPStduy의

Java 프로그래밍 입문

정동진, 최주호, 윤성훈 공저 | 21,000원

JSP & Servlet의 동작원리를 도식화로 알기 쉽게 설명하였고, 기초 문법부터 웹사이트 실전 제작 실습까지 구체적인 구현 방법을 처음 시작하는 초보자의 눈높이에 맞춘 입문 활용서이다. 책의 핵심 구성은 "웹과 서블릿 및 JSP 동작원리 이해 → 알기 쉬운 기초 문법 → 바로 적용하여 구현할 수 있는 실무 완성"이며, 각 과정은 다양한 도식화와 예제를 통해 실행 흐름을 쉽게 이해할 수 있고 실무 프로젝트를 통해 구체적인 구현 방법을 습득할 수 있다.

JSPStduy의

Java 프로그래밍 입문

정동진, 김영진, 최주호 공저 | 21,000원

초보자도 이해할 수 있게 자바의 핵심을 잘 집어주는 친절한 설명! Java 프로그램의 동작 원리와 개념을 알기 쉽게 설명한 책이다. JDK 8.0 설치부터 JAVA 기초 문법은 물론 반복문으로 비밀번호 해킹하기, 서버와 클라이언트 간 통신하는 Echo 채팅 구현하기, 데이터베이스와 SQL문을 이용한 회원테이블 데이터베이스 만들기 등 다양한 응용 기술까지 자바 개발자로 가는 길을 알려준다. 실력을 향상시킬 수 있도록 난이도에 맞는 실습예제를 단원별로 수록하였다. 또한 대학 강의에 맞게 설계된 맞춤형 강의 PPT를 제공하고 있다.

함께 보면 도움되는 추천 도서

아두이노로 코딩하며 배우는 딥러닝

머신러닝과 딥러닝 원리와 모델을 78개 아두이노 예제로
직접 구현
서민우 저 | 20,000원

진짜 코딩하며 배우는
파이썬

바리스타 프로그램 만들기
서민우, 박준원 공저 | 17,700원

라즈베리파이 4 정석

파이썬을 활용한 센서제어 및 나만의 가상비서 만들기
최주호, 김재범, 정동진 공저 | 22,000원